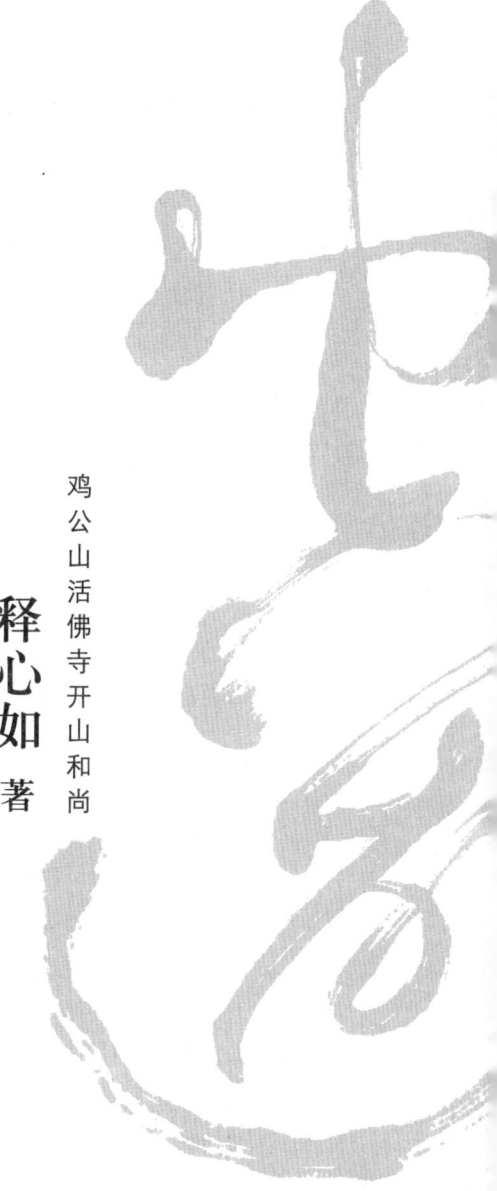

鸡公山活佛寺开山和尚

释心如 著

华夏出版社

图书在版编目(CIP)数据

空道／释心如著． －北京：华夏出版社，2010.1
ISBN 978-7-5080-5571-8

Ⅰ．①空… Ⅱ．①释… Ⅲ．①禅宗－通俗读物
Ⅳ．①B946.5-49

中国版本图书馆 CIP 数据核字（2009）第 227413 号

出版发行：华夏出版社
（北京市东直门外香河园北里 4 号 邮编：100028）
经　销：新华书店
印　刷：北京建筑工业印刷厂
装　订：三河市李旗庄少明装订厂
版　次：2010 年 1 月北京第 1 版
　　　　2010 年 1 月北京第 1 次印刷
开　本：880×1230　1/32 开
字　数：101 千字
印　张：7
定　价：18.00 元

本版图书凡印刷、装订错误，可及时向我社发行部调换

前言

翻开这本书,就能明了人生的真谛,洞悉佛法的真相。

《空道》这本书,是将空道和尚多年苦行觉悟的真理、讲经说法的部分内容,整理为五十二个题目来编辑的,每一个题目都是禅师的慈悲开示,相互之间并没有前后的差别。

空道和尚自幼六根通利,谦虚好学,博古通今,解悟超常,经明师指点,苦修十年如一日,默然成道。禅师平易近人,生活俭朴,慈悲住世,悲心交集,度化有情,以面对面交谈的方式,用最简单、最朴实、最易懂的语言,口授心传,把觉悟的真理洒给世间。

空道和尚极具辩才,随机施教,弘扬真理,在禅师的开示中一而再、再而三地提到"不明理修何道"、"明理即修道"的修心法要,从多个角度阐述了修身养性的关键所在。不管从事哪个行业,不管扮演什么角色,不管人生处于高峰还是低谷,只要随便翻开《空道》其中的一页,即能发现一盏明灯,启迪智慧,照亮人生。

相信自己,即是人生。

禅师平常人也!

目　录

慧海禅心 …………… 1	明白世间 …………… 38
随缘说法 …………… 5	顺其自然 …………… 41
觉悟佛心 …………… 7	悟出真谛 …………… 46
我在人生 …………… 11	智慧明灯 …………… 50
洒脱自如 …………… 15	点亮人生 …………… 54
一切心生 …………… 17	度我佛心 …………… 58
禅净不二 …………… 20	同体大悲 …………… 61
法身慧命 …………… 22	出现亮光 …………… 65
岁月如一 …………… 23	度化有情 …………… 67
说法真理 …………… 28	平静无畏 …………… 70
风生禅音 …………… 31	唯我独尊 …………… 73
不失人生 …………… 34	动静不二 …………… 78

人生一明	82	禅师真理	126
点亮自我	85	三藏一明	129
参透自我	88	此路即路	135
法宝圆满	92	古今自我	137
说透人生	95	大千存在	139
万古一心	99	慧定我佛	147
刹那永恒	103	一日千里	151
即空即我	105	千经万论	156
坐脱即亡	107	动静大道	175
性相一如	110	千山相印	180
菩萨境界	114	随缘度众	190
佛光自如	118	人天师表	195
放下自然	120	婆心真理	203
佛光普照	122	真心直说	213

慧海禅心

"戒定慧"就是严守戒律。什么叫严守戒律？如果你起心动念，这首先戒已经破了；如果你故意去做事，这更是破戒。为什么你们初步学佛我不跟你们谈戒呢？因为戒太难守了。如果你天天执著去守这样的戒、那样的戒，你就忘记修行了，如果你明白修行的道理了，你以后再去了解这个戒，你就自然知道了，它的障碍已经过去了。

"戒"就是"定"的意思，戒住这直心，心没有欲望，心就是一种清静、平等。如果你的心没有清静、平等，那你什么时候都产生不了"定"。有了"定"才能产生"慧"，为什么说"戒定慧"呢？"戒""定"两字和合了，如一了，才能出"慧"，智慧出来了，我们才能去认识人生，才能了解山河大地的花草树木在跟我们无言地讲经，才能认识娑婆世界我们真理的存在。

不要认为：噢，我守住戒就好了，守住定就有慧了。一定要明白字眼的细节，其实呢，守住戒是守住你的自心，自心不动是真理，真如出来的那个才是慧。如果没有守住自心就认为自己说的都是智慧，这叫狂讲，不懂佛法。说到做不到，这种人是外道，做到说不到，这种人是狂慧。我们永远要做到说到，我今天能讲出这样的话，就是我觉悟出来了，我能说出来。

如果说，我就知道这是道，不用修了，什么也不用看了，也不用说了，也不用念了，这是外道。应该理事不二，有事就要有理才是正确的。我修出这样的事了，我就能说出这样的话，我说出这样的话，就是我修到这样的层次了，它永远不能分开，理事不二，圆融无碍，就是佛法。说到做到，做到说到，它们俩永远没有前后的差别，如果有前后的差别，一是狂慧，二是外道，不是佛教。

我修行到今天的里程，我就要用语言表达出来，并且要表达得圆融。表达要因人而异，如果你需要这一个，我就给你说这一个，如果你需要那一种，我就给你说那一种。

这叫什么？这就叫修行。

释迦牟尼雪山苦行，讲经四十九年，说法三百余回，是在做什么？展露他修行的过程，展示他讲经的过程，今天修行的，今天讲出来的就是他今天的过程、层次，自性露出一切。他讲四十九年不是给我们讲的，他是在印证自己。在印证自己的同时，弟子们给他记录下来了，这就是他做到了，修到了，说到了。如果我们讲不出来，只跟着自己心里的感觉去修，这已经错了。如果我们能说出来，事实上没有做出来，这也错了，这叫狂妄，解脱不了。

我们永远要从心里发一种大慈大悲的心愿，这样才能成佛，这是修行，这才谈起初步的菩萨。如果你有这种德性了，你行走坐卧、穿衣吃饭，自然会流露出慈悲、融合、温暖之情。我们要达到这种胸怀、这种心情，比如说吃饭的时候，留一点给别人，干活的时候，自己多做一点，这都叫慈悲。如果只想着，这也是我的，那也是我的，其实到最后自己都不是自己了，流落他乡，永远找不到回来的路了。

有人说：我修上三年至五年，解脱了，我这样就是佛了。那你永远成不了佛，佛是什么？佛是一个平常人，能融合大家的人，让大家感觉到他身上总有一种细微的慈祥，没有欲望，这才是菩萨，才是佛。

随缘说法

佛教没有根基的好坏之说，好坏只是个人的心里认识而已，如果有人这样区别，就证明他不懂佛法。因为我们出生不知道，死向何方不知道，一辈子活多少年也不知道，今天不知道明天的事，他怎么能知道根基的好坏呢？如果他战胜了自我，今天认识我了，明天认识我了，后天认识我了，一个月，两个月，一年，两年，彻底认透我了，他才能谈起根基的好与坏。

很多人都这样认为，比如禅宗，善根好的才能坐禅，善根不好的不要坐禅，念念佛，往生净土妥了。其实这是不懂佛法的人，他要是懂了，就不会说：根基好的去修禅，根基不好的去修净土。难道说禅宗比净土层次高吗？

佛法没有高低和上下之分，佛法是平等的，不能说修这法修得快,修那法修得慢,其实都是一个道理。念佛也是为了专一的清静,找到觉知的自我出现在面前,一片华光;坐禅也是坐的定意达到清静的境界,看到自我的本来面目。这样才能觉悟自己,觉悟人生。

觉悟佛心

你首先得认识神通，了解神通。举个例子：你预感明天会有什么事，那不叫神通，那只是你心目中一点灵巧觉知的妙用。居士们、信徒们一般认为什么叫神通呢？我知道明天会有什么事，我也知道谁能发多少财，我也知道某人某天会出个什么事，等等，他们认为这就叫神通，其实这不叫神通。如果你知道前生未来，真正了解了日月星辰，风雨雷电，以及生老病死，这才叫真正的神通。

要达到这一步并不难，只要你的路走得对，明白世间的道理、做人的道理、正知正见的道理，明白其中的细节，一点一点地自然度过。但不要认为我们什么道也不用修了，这种想法是错误的。应该是修归修，放下归放下，似修非修。如果故意去修这个道，这个不是道，如果不去故意修这个道，而去珍惜这个道，这个才是道。什么叫珍惜呢？举个例子：在日常生活中，走路也好，讲话也好，做事也好，我每时每刻都知道自我的存在，每一秒都不会放弃自我，如果一天十二个小时有十秒至三十秒把自己忘记了，等于我今天的时间都浪费了。

你们现在，大的原则都知道，大的原则过程你们得走，也许你们孤独的时候就是孤独，也许你们烦恼的时候就是烦恼，也许你们不想讲话的时候就是不想讲话，就是高兴不起来，这是为什么呢？就是你们没有把细节搞透。如果你了解了细节，烦恼的时候给自己找点儿高兴的事，把自己的脑海拉平，用心拉一切，不要用脑子修行，要用心去修行。

如果你用脑子去故意体会自然、体会修行，你永远修不成，为什么？脑子就这么大，你把你的脑子兜率住了，它像一根木头，丢三落四，这边说话那边跑，你没把它拉活。你们在想事情的时候，感觉是从心里在想，如果你们感觉是用脚在想那更好，但是现在你们达不到，这就是无眼耳鼻舌身意，是一体的。它们都能想事，分不开啊，如果你用脚来想事，脑子还会累吗？这叫什么？这叫自如一体，进入体如光的境界，和合在一起，它永远不会分开。

你看我的脑海，为什么千经万论我能讲？为什么同时多少人问我都能回答？因为我没从脑子想事，我就从我自身来想事，然后用语言来表达，这样才进入聪明。如果脑和脚贯不通的话，你的智慧永远打不开；如果贯通，无所不能，觉知者的妙用就知道了，灵巧妙用才出来。什么叫灵巧？什么叫妙用？灵巧就是浑身上下一切是自如的，灵巧久了自然就进入妙用了。

你要想了解宇宙，了解风雨雷电、日月星辰，首先就得把自己拉活，先了解自己的身体、自己的五脏六腑、地水火风组成的因素产生的肉体，虚空中遍满我们的灵魂。这是什么？这就是一个宇宙。我们这一吾就代表这一个世界和宇宙，我们有喜怒哀乐，我们有渴饿热冷。宇宙是什么？宇宙就是有风雨雷电，它只不过大一点，大在哪里？实际上都在我们心里。不仅我们人是代表一个宇宙，一只小鸟也代表它自己的宇宙，一棵树也代表着一个它的宇宙，它有皮，它有骨，它有肉，它有血。

为什么学佛让你们去明白道理呢？不要单纯地去学习，不要非得去佛经上抠，要去了解宇宙，了解自我，了解每一物。大的原则就是了解宇宙，了解太虚，了解山河大地，了解花草树木，把这些认透了，也等于把你个人认透了。你的身体就是一切，它是万缘组合的。

我们拿住根本，明白道理，学习、修道、做事、做人，都是一个道理，世界上没有第二个道理。如果说同时有第二个道理了，这就等于脚踏两只船，永远河北也到不了，河南也到不了。这是学佛。

我在人生

一切的妄想，不管是善的还是恶的，都是由你心所转，世界上没有善的、恶的妄想之分。假如你总想着你所谓的恶的妄想，若能想着这个妄想让它自然过去，这个妄想就等于零。过去的是什么？既不是善，也不是恶。

以前做过的一些事情，你不要再去后悔，如果你后悔了，那又等于因果，所以我们做过的事不要再提。比如在学习上，一应顺其自然，二应刻苦努力，只管去学习，别想着超这个，比那个。要去跟自己比，超越自己，跟任何人都不要比，别人得第一我不管，我就努力地学习、付出我的代价，这就足够了。记住：人永远不要攀比，只有自己挑战自己，跟自己比，这才是最好的人生。把自己的心态掌握好，不要太猛，不要着急，永远记住不要急于求成，那样反而会背道而驰、掂篙撑船。世界上的事情永远没有能够急于求成的,谁着急谁就永远修不成道。

什么叫捷径?世界上永远没有最好的捷径,最好的捷径就是最普通的路。有人说:师父啊,给我找一条捷径,让我很快成佛不行吗?我教不了这样的徒弟。为什么?因为佛不是这样成功的,佛是从耐心和平静中澄出来、涵养出来的,这样才能修成佛道。如果平静久了,明白了,这就叫捷径。

你们不要老想着一件事,要及时地更换题目回来想另一件事,撑出去的东西要拉回来,如果不拉回来,你的胳膊会累死的。你的胳膊能永远撑出去吗?所以我们要学会贯通,想不起来的事情不要再想,也许有一天它自然就出来了,最慢的就是最快的。

如果你开始不稳就找不到路,一下子是不可能转到的,要自然转变,如果一下子能转到,就可能又是个错误,害住你了。我们让它们互相贯通,互相利用,藕断丝连。脑子也用,心也用,身体也用,一直在更换题目。这样等于什么?这样等于脑子干活让心休息,脚干活让脑子休息。

什么意思呢？这就是禅宗的"禅净不二"，有禅无净，有净无禅。

我有禅的时候不要再净，有净的时候我不要再禅。如果禅净合一，这就坏了，我们进入禅净合一是初步，一定要进入禅净不二，禅净不二就成佛了。我们一定要将它分开和合，这就是说，初步学佛要断欲望，修到中途没有欲望得去找欲望。如果你故意清静久了不就成一团死定了吗？若落入死定，就永远不再谈做人。那谈什么？山河大地，花草树木。所以我们不要这个！

无相是在人生旅途中最难走的一步棋。我们能活着，看到蓝天，看到宇宙，看到人生，还能看到亲人，又能去做事，在短暂的几十年中，又和我们的亲人和合在一起，多痛快啊，这个人生！不要觉得人生很悲哀，悲哀就是从心死而来的，如果心不死就没有悲哀。无欲则刚，无欲就是刚，不能说无欲然后才刚，所以要去了解它，了解它就能成事了。

作为一个学生，当下就是学习，不要去修道，不要故意去管道业，要去努力地学习，认识人生的快乐，了解做人的意义。如果你认为，学佛人就不用好好学习了，就去修道了，就无所事事了，天天懒得不想动了，这就错了。学佛人是最勤快的人，你的身心没有运用上，如果身心全部运用上了，不仅道业能成功，学习也能成功。所以要靠共同努力，不要纳闷，这是很自然和正常的事情。

洒脱自如

如果一个人孤独、懒惰、烦恼久了,那就麻烦了,所以一定要拉活。你如果今天不动的话,明天更不想动。为什么?它是一盏灯,你越不拨它越不明,锈住头了。就是太懒了,自性兜率住了,你把它捆住了,它没路可走了,出不去了,所以它要选择一条路出去,就给你弄得乱七八糟让你实在无法接受了,因此你要去明白这个道理。如果你不去明白,不去把它拨挑回来,时间久了不就麻烦了吗?所以你必须去找这个妄想,如果你不找,时间一久就出事了。所以一定要学习,经书要看,佛号要诵,自然要会,事业要做,跟它永远结合。

如果你认为,好,这就成了,什么也不学了,绝学无为闲道人,那你面临的就是一场失败。为什么?灵巧才有妙用嘛。所以我们一定要把自性弄得灵灵巧巧，永远更换它，一直让它不休息地更换就没事了。

特别要记住：黎明不要打昏沉，黎明的昏沉最害人，醒了就起床；该休息的时候一定要休息，人过晚上十点钟后，一定要休息，如果你熬夜，这就是着魔的开始；天明就起来，不懒惰。如果你达不到这些，不要再谈成佛，因为夜晚很清静，你自然会乱想，自然会变成一个欲望重的人，如果你的欲望重了，你还学什么佛啊？所以我们夜晚休息就是休息，黎明起来就是起来，如果你故意那样熬夜下去，白天懒了，夜晚精神，那就是走错路的开始。

修道一定要注意，这都是细节，每个细节都要明白，若一个细节不明白，就等于一切不明白，因为一是一切。我们要从一做起，贯通它，明白它，了解它，去做它，成就它，这是一体化，这样才能成为我们的自如。

一切心生

无论出现什么相,不管是虚妄的还是真实的,我们都不去管它。说白了,既没虚妄,也没真实。那是什么?都是我们的心在变化。出现的相都是表露我们的心情,你出来我也不欢喜,不出来我也不悲伤。为什么?因为我就是在跟你玩嘛。如果你有,我天天和你玩,你只要不吸引住我的心,就很正常;吸引住了,你就走错路了,要是修行修得欲望更重,那你就更走错路了。

我们一定要断掉欲望,走上正觉,了解自我,看到自我,这才是明心见性。"明"就是明白道理,知道事物的对错。佛法虽然是没有善恶,虽然是没有对错,但在我们没成佛之前,永远有善恶,永远有对错,永远有因果。因果对于真正的圣人是没有了。为什么?因为他能把它燃烧了,他能消受因果，这叫不昧因果。

　　所以学佛不能认识得太粗糙，如果认为，我就这样专一久了，就能成佛了，这样能成佛吗？不能成佛。佛是一个最聪明的人，佛没有欲望，但他聪明、智慧，他脑海里就像一台电脑，任何答案和题目都在他心里，他能把每一个物质都说透，这叫什么？这叫无处不在，山河大地皆是如来。山河大地皆是如来，这才是无处不在，才是觉悟人生，才是战胜自我，找到从古至今的我。

　　有的人会感到无缘无故地害怕，时不时地感觉好像有人在看他，这是一个人生来自然的功能。之所以你讲这样的话，是因为你有一个肉体，这是什么意思呢？也就是说，肉体和你的自性的灵魂永远是有分别的，你的肉体加上自性，它永远有疑惑。它一东一西，你出来我看看你啊，我不害怕你啊，这是你自心的变化而已。外面有没有东西？有。但是外面的东西不是你的东西，如果你心里面总想着外面有的东西，它就会随时都和你并肩而行在一起了，如果你不想它，它就走了。为什么？因为我们的心跟宇宙是通的，我们的人体是连贯的，我们没有分开这一说，这才是我们的真如。

　　有的人心静时总是被惊吓，那没关系，那证明你的心太静了。心太静了，心里就紧张了，好像自己把自己捆住了，那肯定是一阵儿一阵儿的，如果一天到晚都是那样就生病了，因为自性把你自己锁住了，锁住了就走不动了，心里就要紧张了，也许有的时候会害怕。比如你在走路，有一种突然的声响，你就会吓一跳，这个时候你就不要故意修了，该妄想了，故意想事去。别只单纯地去想一件事，如果你只想一件事，那更清静，更对你不好，还害怕，还恐怖，这样久了不就走错路了吗？所以不能那样。这不是走错路，这就是初步的自然，这是必经的路程。你可以多动动脑，什么都可以想，把脑袋给它拉过来就没关系了，打开就没事了。

禅净不二

如果考虑事情太过单纯，就说明自性没有开活，兜率住你自己了，好像把你自己捆住了，心里好像就是想不开了。这样的时候，想不开的事情就不要再想了，你就平静，一直"平静如水"。为什么是四个字呢？只有"平静"是错误，只有"如水"是狂慧。如果进入平静如水的状态，就是又平静又在动。这是什么意思呢？第一，让你体会自我的锻炼；第二，让你了解你周围环境的宇宙在说法，你与它永远在沟通，一天不沟通等于你一天失败，两天不沟通等于你两天烦恼，三天不沟通等于你就是走错路了。我们一天是小错，二天是大错，三天是错到底。我们不能错到底，得回来。

一个有正知正见的人，从眼神都能看出来，从表情也能看出来，从行走坐卧以及言谈中都能看出来。大家的眼睛是雪亮的，只会说是没用的，要从行动出发，做出来了，大家认可了，人家才去跟你学佛，这才能弘法利生，教育人生。学佛不是那么单纯的，不是说：今天学佛了，世间不管了，朋友也不交了，事情也不做了，就这样了。这是外道，这叫懒惰。我们一定要拉活它，身体一定要和脑子和合，这样就可以了，这才配学佛。

法身慧命

宇宙和人生完整地来说,世界万物都有,如果不是万物都存在的话,就没有这个世界。就像我们学佛一样,我们信佛了,我们谈佛陀。对于不信佛的人,他们也许会说:你们迷信,你们拜的是偶像。说这样的话的人有很多,因为他们不了解我们。为什么呢?因为他们的心追求的是另外一种境界:保佑啊,加持啊,有鬼和神的存在啊。为什么他们觉得有鬼和神的存在呢?就因为他们的心。他们要是想什么,什么就会出来。心心相印,宇宙是沟通的,心是沟通的,能感应到的。

托梦只是梦,因为亲人非常想念死者,说不定他已经转生了,所以这个梦还是自己在做梦,没有第二个人在做梦,就是心,想什么就有什么,想久了就着魔了。

岁月如一

　　修行过程中有的人会感觉好像是退道了似的,好像跟没有了佛法一样,把时间浪费过去了,对不对?其实我认为这只是个人心里的感觉。首先不要总想着自己是一个修道人,如果能够秒秒分分都知道自己的存在,比如你能达到一个小时内不断续地知道自己的存在,这就是功夫,就不要再说:我好像不如以前了。如果你能达到五个小时至十个小时,这期间没有十分钟能间断地知道我的存在,这就是大功夫;如果达不到,这说明你的功夫不成片。如果你一天内有十个小时知道自己在清醒中,我每时每刻都知道我,错过十分钟或半个小时也没关系。为什么?功大于过。如果十个小时中只有一个小时知道自己的存在,那你就是没功夫,没解脱,差得远了。解脱的人就是滴水不漏,如果有一点障碍，极乐世界就去不了。我们要达到白天的时候一定要知道自己的日子是怎么过的，睡觉了不管它。

在我们还没有觉悟成道以前，千万不要以为自己成道了，一定要用时间去涵养，去平静它，因为宇宙中东西太多了。为什么说宇宙中东西太多呢？因为我们身体里万能的东西太多了。我们一定要把这盏明灯点亮，任何角落和部位都能看到，看到还不能放过它，把它磨光滑，磨成流光，你自己就知道是怎么回事了。照亮了千年的黑暗，任何角落和部位都是光明，这个就是解脱，这叫身口意全部解脱，这就叫"戒定慧"，只有智慧的光明。

你如果感觉好像跟以前不一样了，好像退道了，其实这不是退道，而是长道，因为以前你在日常生活中可能太留意，现在你在日常生活中可能把它忘记很多，好像自己没有修行，跟一个平常人了似的。其实你明白道理以后，在日常生活中，比如，工作也好，开车也好，做家务也好，你在一天到晚的繁忙中知道这就是修行，这就是菩提长了，又更上一层楼了，这就是在往前走啊，你的道业修不修它都在走。这是什么？这是贵在你对细节明不明白。如果你对细节不明白，你的道业就走得慢一点，如果你对细节明白了，你当下就是菩萨，这里就是极乐。贵在明白啊！今天跟你讲，你明白这个道理了，明天的路程就不一样了，你就知道了：这就是修行，我没有空过日子。

如果你的心里感觉没有空过，就是没有空过，一切唯心造，往下再走呢，你一天到晚必须得知道自己的存在。如果一天的时间里能达到这样的境界，这才叫不空过，不放逸。如果今天你一秒钟都没有浪费，今天你就是佛。这叫什么？这叫做到了，走到了，看到了，解脱了，成就了，这才是真理。

你不要想着：我不如以前了，我要像以前那样修行多好。以前的永远是以前的，昨天今天明天，它不是一天，如果说是一天，那是成道了才这样说的。在你成道以前，三天就是三天，不可能是一天，能达到一天，就是成道了。昨天的往事过去了不要去想，把今天的事情做好了，明天的未来就来到了，顺其自然地走下去，整天和合，一天一天一天，再没有第二天的时间和空闲，我们就成道了。

现在的过程应该是一天合不了一，天天更是合不了一，这个时候肯定是断断续续的。就是说，我给你讲了，你会明白，明白了也许过一个小时你能珍惜住，也许过两个小时你就忘了。为什么忘了呢？因为你这一个小时的知道很粗糙，很粗糙你的脑子就要累，要累你肯定还是得放松，放松后第二个小时就忘记了。

　　修行要去珍惜地放下，不要故意粗糙地修行，如果故意粗糙地修行，那不是菩萨。什么叫珍惜地放下呢？比如我给你讲明白了，你想把这个时间珍惜住，如智如呆，似珍惜不珍惜，不珍惜又珍惜，这个心量你们要把持好了，你们才能不空过，这个小时才能如智如呆地度过，别故意用功，让心平静，这样不就走上了吗？走上就没有空过，这就是菩提，这也叫念佛。念佛不就是不间断吗？念是不间断，佛是自我。念佛念佛，谁念？吾念。这样才能找到真佛。一直念下去，上哪儿找佛呢？要断断续续，停下来看佛，看到了，跟它玩，玩久了才能和合，才能与佛相应，才能与菩萨一体，才能产生有我了。

　　一个正在修行的人，现在的层次肯定比前两年好得多。好在哪儿？你不知道，你自以为从心里感觉把光阴给空过了，空过没有？空过了；珍惜没有？珍惜了。又有你的珍惜，又有你的空过，珍惜的是它在灵巧妙知里自然修行，空过的是你没有留意它。如果这几年你留意了它，你今天肯定不会问我这话，你就是一个大菩萨了。这不叫空过，也许是好事，也许这几年你一直珍惜它，说不定害住它了。它在这个初步明心见性时自然而长，自然就长成熟了。你明白了，你看到了，你听到了，你做到了，你就开始走上了。

说法真理

佛法修什么？佛法修到底就是一个"空"字。很多人讲佛法是空的，佛法空不空？的确是空的；佛法有没有？的确有。到最后的修行，有也不对，空也不对，一定要进入空有不二，和合才能产生有我。如果只知空，是小乘。虽然是小乘，但菩萨也很尊重他。你能修行修到空就很不容易了，你从空再修到有，那就更难了。如果从空修到有，就进入初步阿罗汉；如果了解空和有在一起，这是一果阿罗汉；如果最后把空有都放弃了，还有个有，这叫一地菩萨；如果空和有都没有了，有也没有了，不说了，这叫二地菩萨。

其实，说不说，修不修，用不用，做不做，最后实实在在的还是个有。有什么？只有说一句话：虽然是有，但它又是空。这道理是什么呢？道理就是虚空。虚空有没有？虚空虽然说它是个空间，但它也是个有啊。如果没有它就没有虚空，有了虚空等于就是有，所以这就叫空有不二。空中有我，我中有空，我空不二，进入菩提果位，菩萨的境界，这才是修行。

　你要是执著空，时间久了，堕入空境，永远得不到人身；你要是执著有，你永远成不了佛。我们既不执空，又不落有，那是什么？就是佛讲的"中道义"，既不上又不下，既不左又不右，既不前又不后，你说前还不对，说后也不对，为什么不说了呢？这就是说，用言语无法把真正的佛理表达出来。

　这一切给你们讲的全是比喻。不过比喻很重要，如果我们没有这比喻，我们就会走错路。有了比喻，有了思维，才有了智慧。思维久了，智慧出来了，才能把我们的脑子转活，我们才了解这个空有不二，四大组成的因素，和合的虚空。了解这个了，才知道：噢！不说了。佛经最后就是"不说了不说了"。如果再一直说下去，它无头无尾，无始无终，没有前后差别。今天的就是今天的，没有明天，就是今天,这就是空和有,就是这个道理。我们一不执著空,二不执著有,我们就顺其自然地划过我们脑袋的智慧聪明。

你把自己悟透了,聪明了解了,佛法明白了,自己成就了。什么是成就呢?只有问自己,只有自己知道,你自己成就了,就会感叹:噢!弄了半天原来大海就是这样的啊!所以你明白了。这就是"空有"。

风生禅音

佛经有很多的比喻,在你成功以前,你不能说它错。如果你成功了,你可以宣言所有的比喻都是错的,这话说出去是对着你个人的,不能对着别人。比如你感冒了,别人有其他的病,你吃感冒药好了,你不能让别人也吃感冒药。为什么?他没成就。所以佛法讲究圆融,对症下药。也就是说,他不是你那种等级,你不能给他说那样的话,如果你要说那些比喻,那就错了。比喻没错没对,比喻的作用就是让你形象地明白道理。如果没有这些比喻,你只是心里感觉着微细的甜蜜:噢,我就知道这样就是佛。如果你不能把它的圆融说出来,讲得太粗糙了,还不是佛法,你要给人讲明白才行。

你在看书的过程中,一遍不懂读十遍,十遍不懂读一百遍，不要制造问题，不要照上面修行，你彻底了解透了，让得道高僧认可你的修行，你再去修行。

你不要说一个人的自性从母胎里就开始在长，这个比喻是大错，千万不能这样比喻。自性没大小，自性没早晚，一个人修行的初步就是终步，就是结束，拿住根本即是后得，没有根本就没有后得。为什么？根本即后得，没有前后差别，没有大小之说。如果你要说有小有中有大，这叫不明理。要是给别人讲：你不要问那么多，你就这样等吧，等久了就是佛。这就等于害了他，所以一定要给他讲细节，把细节给他讲出来，就是度众生。如果细节讲不出来，说明修行不到位，如果修行到位了，细节就讲出来了。为什么？你兜率住自己的脑袋了，没有和宇宙丝连，你要丝连久了，拉活了，就再不讲这单纯的话了。单纯是初步专一，中途是思维，最后是智慧。无处不在，就是洒脱自如。

人是一种动物，如果一点儿也不动，那叫死定，很快就会着魔。修行着魔太快了，三个月不用就着魔了。为什么？死定啊！这能成佛吗？不能成佛。佛是最精神的人，佛是最定的人，佛也是最笨的人。为什么这样说呢？他一天多次变化，一会儿高兴，一会儿悲伤，一会儿想蹦，一会儿想睡，这才是佛。为什么？更换题目。更换久了才有体会，不更换永远没有体会，比如看电影，一直只看一部片子你会看烦的，如果今天看这部，明天看那部，后天再返回去看，这样才能了解它的意思。这样的话，就是你的正觉开始了。

所以一定要多打比喻，能多打比喻，能多思维，等于脑袋已经活了，已经活了是什么？自性活了。自性活久了，灵巧妙用了，觉知出来的智慧就是你个人的，不管你给谁讲，包括给你个人讲，一定要多拉多动多实践，只有把释迦牟尼佛的佛法讲活了，讲得圆融无碍了，才能度众生。唯有自己有，才能给大家，所以学佛要学圆融，学觉悟、同体大悲、大慈大悲，把这些都学到手。学到手就做出来，做出来才能讲出来，说到做到嘛。还是这个道理。

不失人生

其实我认为，作为一个道人，他应该没有多大的脾气，如果他脾气发得大，这个就是不正常。道人没有大的脾气，也没有大的喜悦，永远都是小脾气不断，小高兴不断，既没悲伤，又没高兴，我也不悲伤，我也不高兴。不要想着：噢，我修道修得像个小顽童，我想蹦了，我高兴的时候收不住挡。这是什么？这就是走错路。这就像我们坐禅一样，坐到清静的时候，不想出定，因为感觉舒服，这就是我们走错路的时候。所以我们在想蹦的时候，要收挡，不要再蹦了，否则就走错路了。在我们非常悲伤的时候，要让我们高兴起来，这才是我们的修行，不上不下，不高不低，不喜不悲，这就是我们所说的中道义。

如果你发了脾气，从这个发脾气中得到了心情的释放，发完脾气你也不必过于高兴。要是过于高兴，那还是一条错路。所以必须要有个平常心态，不要去故意发脾气，发怒火，愤恨自己，责怪自己不如别人，这些都是欲望。一个人有时会感到心里不平衡，这是没用的，这只会给自己带来伤害和痛苦，你就去努力好了，就去付出，这才是道。发脾气以后得到的一种平静，不是真理，那个就像你拉着一辆车上高岗的时候累了，下坡时感到的轻松，你得到的是这个。

　　真正的修行既不上高岗又不下洼地，这才是得道，才是真正的菩提。所以修行一定要去明白道理，不明白的时候要去看，要去学，要去思索，多动脑筋，你才不会走错路。如果你不动脑筋，要是修久了的话，脑海里就会修出邪理邪气，就会想那些不该想的事情，也许你会觉得自己怎么变得这样欲望重了呢？因为你没有思考。自性它天真可爱，它随心所转，但你没有留神它，所以它错了。它错是指什么呢？你也错了。身体和它永远分不开。这个要是降服不住，控制不住，不要谈菩萨，不要谈今天明天后天了，自己走错路都不知道，就不要谈修道了。

不失人生

假如你一出声就带着一种欲望的心情，不管你说得再好，学佛的人都会听出来，大家的眼睛是雪亮的，都能看到你的错和对，大家都能看到你是不是菩萨，不要说几十年后烧了才知道。为什么？因为你所流露出来的言谈举止、行走坐卧，都代表你的心。这就是学佛。佛就是定心，他就是躺着睡觉，都看着可爱。为什么？因为他觉知圆满，正知正觉，体如光啊！所以你看不到他的丑陋，你只能看到他的光明，你只有向他学习。这是佛法！

一个人坐立不安就是妄想少了，焦急的时候不是说想蹦，可能悲伤得想哭，并且还想落泪。你要是多运动，多妄想，多思维，多看经书，看道理，你还会有这些吗？你就是既不想动了，也不想想事了，你就是只想单纯了，到最后就是只想一件事了。这是不正确的，你太死板了，你应该把它拉开，这是说什么？时间久了就要着魔，魔都是这样着的。你看着魔的人都是不想说话，只有孤独。因为你让它捆住了，永远疲倦了，所以要常更换题目，什么活儿都要做，什么问题都可以去思考，把脑袋拉活就可以了。脑袋不拉活，你心里总是难受，高兴的时候少，难受的时候多,一会儿悲伤得不得了,一会儿高兴得不得了,这正常吗?这不正常。所以学佛者不悲伤,不高兴,遇事不乱,遇事不乱才叫定。

明白世间

　　一个人如果刚开始修行，就跟磁场真有关系。磁场是什么？磁场就是一个适宜的环境。环境对初步学佛的人非常重要，再就是你最初碰见的修行人也非常重要，也许你见的高僧多了，不知听谁的好了，也许他把你误导了，你就会是一团迷惑。如果你走上实相无相了，那么解脱生死就开始走上了，就如出污泥而不染的莲藕，这样你无论走到哪里，磁场都是一样的。直心是道场，当下是极乐，没有一片不是净土，也没有一片不是娑婆，贵在你个人，这是讲中途的，初步的时候谈这句话有点早。

　　比如闭关。"不破本禅不闭关，破了本禅闭何关"，过来人才敢讲这句话呀，他要是不闭关几年，他就没有开悟的那一天。这就说明在世间，没有付出就没有收获。他去努力了，多年踏烂了铁鞋，他走累了，磨明了，没有那追求的欲望了，他的心死了，结果明灯出现了。他才说：踏破铁鞋无觅处，得来全不费功夫。如果他不从这里下手执著地强求去踏破铁鞋，那盏明灯永远出不来。为什么？因为他一直有欲望啊！他的欲望进入无所求了，修这么多年也得不到了，算了，他也不修了，这个时候东西来了！修行就是这样子得来的。你要故意修行去得到，那是很难的！该用功时用功，不求开悟，不求神通，不求哪一天明白。自然明白的才是你的，如果是你故意强求明白的，那不是你的，那永远是外境，永远是心外的法。我们佛教就是心外无法，法外无心，我们的修行法要，就是直指人心，见性成佛，不修别的。

哪一门都是学问，阴阳宅也是传下来的，我们也不排斥它。风水和地理是自然的，祖坟也是自然的，这也是人家前生修来的。如果前生不布施，不修德，他也碰不上好的祖坟。如果人家碰上了好的祖坟，这说明人家是前世修来的，正好天时地利人和了，产生这样的气脉了，人家就得去了。假如你要彻底修道进入无相的境界，祖坟就对你没用了，它是在六道轮回的人生中，而无相是走入太虚的宇宙和自然，虽然在人生，但也是极乐。所以要从心做起，还是你自己的心。我们修德，我们布施，我们做人，我们就积累到今生，它都是因缘和合，产生于我。说白了，就是没有那个好的祖坟，人家也会有好运的。也就是说，世间每一物都不能少，如果少，那就等于单纯。

我们长的指头有长有短，有粗有细，手上大拇指最贵吧，但如果其他四个都截掉，它就不贵了，它们是互相的，这叫和合。你只要是一个凡夫，你就脱不开命运和因果，直到你进入圣人的境界了，你才敢说：一切无所谓。现在你有所谓，一定要记住：你们要去珍惜生命，珍惜人生，珍惜时间，珍惜修行，一定要有正知正见。达到这些，你们才能解脱。

顺其自然

世间和佛法是一体的，是分不开的。伟大的佛法就是教育做人，按社会上的说法就是一个人良心正就对了。一定要有正知正见，做人不坑别人，也不蒙自己，既不哄别人，也不骗自己。一个人的一生难不难呢？难。易不易？也易。我们要把难易放下，做一个平常人最好。这几十年的人生，今天过去了再没有今天了，但有几个人会珍惜这一天——今天呢？

佛经里讲"如少水鱼"，就好像河里的水一天一天地减少，其中的鱼马上就要跳起来。我们人类也是一样，都是一天一天把光阴失去了，使我们的生命走向衰亡。佛教谈的就是生老病死，没有什么事是值得我们快乐的，也没有什么事是值得我们悲伤的，我们应活得洒脱一些才对。

释迦牟尼教主创建佛教两千多年了，佛教能让人们彻底解脱生死，往生极乐，了解宇宙，了解自我，觉悟人生。如果佛教不是一个永不衰败、能照亮千年黑暗的灯火，它就不会一直传到现在。佛教就是教育人们要培养好自己的人格，走好自己的路。教育做人，是先修心，这是抓住根本了，所以能有所成就，佛法不可思议啊！

其实学佛呢，不是一种迷信，不是信神信鬼，更不是让你天天拜佛，求佛加持啊，发财啊，平安啊。我不管是见到陌生人也好，学佛的人也好，不学佛的人也好，我就是保持一个原则：即使你不信，我也不骗你。实话实说，真心直说，把自己的真心洒给朋友，洒给众生，洒给弟子们。你觉悟不觉悟是你的事，我只是把道理讲通，让你自然去明白。如果你明白，那自然好；如果你不明白，那也没办法。

初步学佛的人，肯定得求佛缘，求阿弥陀佛、观音菩萨保佑。这样好不好？好，因为从根本上有一个依靠。有了这个依靠，就仿佛我们有了拐杖，我们才能走路。如果学佛时间久了，我们明白道理了，我们就不能再依靠了，要把拐杖扔掉，依靠自己。不管是佛法也好，处世做人也好，都要从心做，这样才能做好一切。

佛教的一个宗旨就是大慈大悲，以善为本。我们不作恶，每天就是行善。什么叫行善？不作恶就是行善。在人的心里，事情就是善与恶两种，没有恶就是善。所以我们不要追求去哪里行善，应该顺其自然去做事。如果我们能做善事，就尽心去做；如果我们做不了善事，我们也不去强求。首先要顾己再顾人，你有东西了才能帮助别人，你自己都没吃的，不可能借一个馒头给别人，以后你还要背债，这是不正确的。所以行善之前，你要了解这个善事，你要是能做你就做，你要是不能做你就不做。

举个例子：如果说一个朋友需要两万元钱，你可以借给他一万或五千，另外一点让他再跟别人借。为什么？因为你要给他一点压力。如果你要全部帮助他，你就把他害了，你就不是个善人，这个事就变成了坏事，因为对他来讲，钱来得太容易了，他自己就不想付出了。所以行善要动脑筋，行善就是做事、做人，做人一定要常思考，不要等到把事做了，最后又后悔了。所以我们就是不做，也不能做会后悔的事。

对于世间的一件小事，你能做好，你能想开，你能了解它，用你的智慧能把这一盏明灯点亮，就等于把大事做好了。其实世界上没有大事也没有小事，一件事是一切事，一切事从一件事做起，就是一件事。

学佛好啊！学佛最起码能让心里平静，心里平静了，运气就好了。之所以很多人运气不好，就是因为他们心乱如麻，东也不是，西也不是，内心定不下来。有的人总是觉得：我比别人有本事，我怎么混得这么差呢？别人有了，他嫉妒，别人没有，他瞧不起，所以世界上永远就有一种欲望的斗争。所以我们做佛的弟子，你们谁有，我也不攀比；朋友要互相帮忙，顺其自然去做事。不嫉妒别人，也不憎恨别人，也不去瞧不起人，走自己的路就对了。

佛教的主题就是相信自己，认识自己，觉悟自己，把自己的路光光明明地走好就可以了，不要无聊地去管闲事，那样会有麻烦的，要学会轻松度日。总的来说，就是好事坏事不如没事。我的宗旨就是这样：轻松度日。你能做到轻松度日，好坏事都没有的时候，就是在做佛事。在你心里没有欲望了,好事坏事都没有了,你要开始做事的话,做什么事都能成功。那是什么?那是大慈大悲。真正的大慈大悲就是从这里来的。

悟出真谛

要了解念佛，念自心的佛，念自我的佛，念自身的佛，全是自我才叫念佛。你在口中念佛的时候，如果你的声音从你脚部到头部走不掉，你浑身在念佛的声音不往外走，这才念到自我的佛。如果你口念阿弥陀佛，心里想别的了，到别处去了，那就没有阿弥陀佛了。我起初也是从念佛过来的，念佛怎么念呢？比如我念"阿弥陀佛"四个字，在念佛的同时，我的身心自如。怎么个自如法呢？我念得非常清楚，我听得也非常清楚。打个比喻：好像有一个桶套住我了。我的声音在念的过程中就环绕着我的身体在走动，身体五尺外的我都不想，如果打妄想就是环绕着自身在想，你要是想到五尺以外了，这叫外缘，进入不了兜率六根的境界；如果在五尺以内达到这种境界了，就是你的德性，返观观自心，返闻闻自性，返着自心了，闻着自性了，才叫念佛人，这是第一步。

念佛也就是实相，念佛念到一定程度了，周围的环境好像就是一个铁桶，把它打开，让它可以往外飘摇了，不管声音、佛号、意念走多远，我们都不管它。举个例子：你在念佛，声音走到十里、百里、千里乃至万里之外的某个地方了。这是一个比喻，但是比喻也是真实。不管到哪里，这个佛号、这个声音、这个意念，你得永远记住是从你自身这里发出的，这里那里同时都有，这叫丝丝连连，绵绵续续，永远不断。假如断了，好像佛号真正跑到遥远的某地在念佛，你在这里听到，这里忘记了，这个就叫外道；如果你在念佛的时候，再念还明白，再远还明白，同时一起在明白，这个叫禅，这才是修行，才是定意。在这里坐着的时候外面的东西可以去想到，去看到，却把自我在这儿坐着忘记了，这个不能修。修心法就是这样，自我在这儿坐好知道存在，外面的东西我又了解，这就可以成功，这是第一步。不管念佛也好，修禅也好，都是一个道理，没有第二个道理。

实相法的初步就是从这里而来，说高不高，说低不低，但是很了不起，无相三昧嘛。无相三昧大家都知道，怎么修呢？就用无相三昧，如果都是一种无相，它是一种单纯；如果再加上三昧，它就不是单纯了，它就是实相无相一切相。只有无相没有用，只有三昧没有用，必须有了无相才有三昧，它是一体的。说白了就是：无相是根本，三昧是后得，拿住根本就是后得。如果修到无相的境界了，这个无相肯定是空洞的境界，能达到念佛三昧，就是说每一秒每一分每一小时都没有空过，这个无相中的三昧一直在环绕。所以进入空洞的境界，心里必须时时刻刻知道这个空洞境界的时间是怎么过来的，不能只有空洞没有时间，一定要把这个时间珍惜住。没有珍惜住时间就是失去了你的无相，本来是你的真东西，宝贝你拿到了，结果你没有用它，所以这个是最可惜也是最宝贵的，也是最无法去珍惜的时间，也是最难掌握的时间。如果你掌握了这个时间，你就彻底踏上了菩萨的路。这才叫念佛，才叫修行，才是道业。

你可能会问：这个境界能不能时时刻刻珍惜住？怎么

叫珍惜不住？为什么珍惜不住？这个道理你得明白，就是说你感觉的时候不一定有，你不感觉的时候不一定没有。感觉的时候你好像在感觉有，其实你是在故意加重意念，以为这样的话这个时间你就能守住。结果呢，这个时候是粗糙的妄想给它加了一个粗糙的念头，让那个真有失去了，所以这个感觉不能太粗糙。你能达到微细地知道自己存在，这个才叫有。不感觉的时候不一定没有，也就是说，你不感觉的时候它还是个有，那一个才是感觉轻松度日的存在，也许这个轻松度日的存在可能一会儿又飘过去了，所以这个要留意。这个从哪儿留意呢？就是从我们日常生活中做起。开始的时候你要是不用这样微细的意念去保护它，它肯定上不了路。你如果说：唉，就这样了，我就可以念佛成佛了，这样平静无相就可以成道了。这是错误的！要想走捷径先得有功夫，有了功夫才有捷径。你要是上来就想走，让师父给你找一个立地成佛的捷径，我告诉你：你认可你现在就是佛的话，你不错过就可以了，如果你做不到就没有捷径，捷径是一步一步积累过来的。

智慧明灯

讲到这里，今天我给小孩子讲一点，小孩子在上学，其实上学跟我们修行、做事都是一个道理。上学时你死学的话会感觉很累，是不是？你已经花了很多工夫了，你怎么还学不会，背不会，记不住呢？也许你学得越刻苦，忘得越快。为什么呢？因为你把你的脑袋累坏了。你应该给它一点空间，让它休息一下，学的时候不要故意用大脑克制自己去记这篇课文。如果你故意用大脑去死记硬背记住这篇课文，大脑的空间就这么大，它的思维能力也就这么大，你给它填满了，下一篇它就记不住了。

你应该学会让它消耗、释放，你再背课文的时候用心去背，用身去想，让脑袋休息，拉活它，这个谁都可以运用，不是只有圣人才能运用。其实圣人是什么？圣人也是人，他只不过是走过来了。用自己学习的空闲时间，往远处看看，拉一拉，如果第一道题你学不会了，停下来，学第二道题。这是什么呢？这是更换题目。如果你死板地学这第一道题，学不会就不去学第二道题，这是错误的。我们转换一下，学第二道题，也许你在学第二道题的时候第一道题也会了。为什么？因为你付出了，付出就有收获啊。就像你在以前干过的活儿，你干现在的活儿时回头再望那个，噢，明白了！所以把这个学了再返回去学它，也许回来它就会了，这样才能学得快一点。

关于作息一定要注意的是：第一条，黎明不许打昏沉。该起床的时候，你就起来，不要昏沉，如果你今天昏沉，你今天就学不会。为什么？脑子只要一昏沉就要糊涂一天，赶快起来，一天的学习就会非常顺利。第二条，中午回来不要想着再休息休息，下午好学习。中午最好少睡，顶多打个盹儿，十分钟至十五分钟就可以了，不要睡得迷迷糊糊地去上课，这样的话下午还学不会。别想着时间不充足，其实时间太充足了，贵在你要动脑筋用方法去学习。

一个人一定要掌握好时间，不要说：我的作业还没做完，我熬到晚上十二点也得做完它。这是错误的，做不完也要休息，因为脑子需要休息啊。我们有肉体、有运动就要休息，休息好精力才能充足。说不定十个小时的时间学不会，你休息好的话，一个小时就学会了。这样的话，这个时间就可以把握了，上学并不难，不要怕。

上学跟修行没法比，修行是用心体会，看不到路，修行的高境界就是我们看不到的东西、摸不到的东西才是我们真正的东西。达摩大师说：听那听不到的声音，看那看不到的事物，讲那讲不出来的话。初步学佛的人怎么懂这些话呢？讲那讲不出来的话，做那做不出来的事，学那学不出来的道，这才是我们真正的道。说不出的话才是话，做不出的事才是事，这才是真实的佛法。所以我们进入无相了，我们不能错过这个机会。如果进入实相和无相，这个一切相一定给它拿过来。为什么要拿过来？因为拿住根本就是后得嘛。其实这些东西都在我们的自心环绕，我们的根本已经拿到了，为什么一切相不来到？这就是我们的方法不得当。如果你在高兴的时候把自己忘掉了，如果吃饭好吃的时候把自我忘掉了，那不但不聪明，还浪费了你的无相，反而更愚昧，更丢三落四，更想不了东西了。所以学佛就是拉智慧，然后才能聪明。

如果你进入无相法了，你不去拉智慧，你要有欲望，邪知邪见，那你很快就邪，一邪到底。为什么？因为自性没有对错，自性没有善恶，天真、浪漫、可爱的自性它不懂什么叫善和恶，有了你的身体，它才有善恶，你有身体随意所转，它也就随着走。在自性心里没有路可走，有了身体才有了一条拨挑的路。谁在拨挑？谁在作怪？就是我们的身体在作怪。在无相没有突破的时候，自己可能有点变化。所以说学佛贵在明白道理，如果我们不明白道理，学佛很难。

点亮人生

学佛不懂的地方，不要装。无相慢慢走，那可不行！无相是最难走的一步，它是一种黑暗和空洞的境界，没有一盏明灯指示，非有非无非亮非暗，明的时候少，暗的时候多。举个例子：什么叫佛光？比如我们在这儿坐着，如果屋里的这个灯光在亮着，我闭着眼的时候，佛光要比这个灯光再亮一点，我睁着眼的时候，佛光可能比这个灯光更亮一点，这是我的佛光时时刻刻环绕着我的身体，离不开我，如果离开我就没有佛光。如果你们也是这样，你们就不会把这个时间空过。为什么你们空过？就是因为你们没有走出无相，明灯没有点亮。

其实我们的佛光时时刻刻在照我们，观照自我，观照大千，观照山河大地，了解花草树木，了解宇宙在变化，风雨雷电，悲欢离合。如果我们把自己返观透了，照耀准了，就不会忘记了，这就叫无处不在。佛法无处不在，我们行走坐卧、穿衣吃饭，这一切都是如来，你要保持这种心态，与它和合沟通，哪里还有妄念？哪里还有真我？妄念不要了，真我也不要了，要什么？只落一个"这样了"。说有还不对，说无也不对，就说一个平静吧，如智如呆，天天都是这样度过，可以说这就是菩萨的最高境界。所以，去了解它，去运用它，如果不去了解、认透，时间浪费过去了，今天过去就再没有今天了。

宇宙大吗？大，但你得时时刻刻知道从你自心和自身上发出来的，如果光有宇宙没有自身，这是错误的。走到无相的最后境界了，才能说没对没错。因为你没突破最后，所以现在还有对有错，也许你想宇宙的时候把自我忘了，也许想自我的时候，觉得很渺小，把宇宙忘了。虽然说是大宇宙来轮照你的，但还是你自心观察了宇宙，宇宙才能回来，所以这一切永远是从你自心中发出来的。如果你没有从自心发出往外返照，宇宙还会天天轮照你，这不正确，这是心外求法，我们不要。你得知道从你这里发出了宇宙，宇宙和你的自心一直在沟通，在一起，这个才是真实的，这就不是心外求法了。

慧光不是特别亮，它比自然亮一点，我举个例子：你闭上眼睛，这里不是灯泡亮着吗？佛光比这个灯泡稍微亮一点，佛光不刺眼，它就是一种大慈大悲地环绕着的光明。你睁着眼的时候，在你个人身体上又比它亮一点。如果不常见，这是功夫没到，你没去珍惜它，把时间浪费过去了。

如果你一天珍惜住，在你醒着的时候不错过，珍惜第一天就有第二天，第二天做好就是第三天。把今天做好就是明天，明天做好就是后天。所以一、二、三天做好就是一个月做好了，这一个月做好了，今年就做好了。

有一个月的这种功夫，不断思想的境界，藕断丝连的境界，与太虚和合在一起，与花草树木结合，看到什么都是一种欢喜的境界，进入大慈悲，大度量，能容一切的善恶，你才彻底踏上了菩提的里程。

有第一年的功夫你就不愁第二年了，第二年不修就是菩萨。不修只是一个比喻，是指不再故意去修，但还是得修。我们不能说：道不是修来的，修是成不了佛的。其实这句话谁说才对呢？只有成就了的人才能说，在成就以前说这些话是错误的。成就了才敢说：噢，道不是修来的，道是歇出来的。这是功夫，去体会它，了解它，思维它，明白它，这才是佛理。

无论做什么，都要去动脑筋，去思维，不要太单纯。有的人修到最后走不动了，走不动就不走了，等着向师父求教。这是为什么？这叫有依赖心。我们不要有依赖心，走不动就不走了，赶紧走另外一条路，如果另外一条路也走不通，就回来还走原来的路。世间本来没有路，路是人走出来的，这条路不好走，你走那条路，都不行了，你就不动了，也许在你不动的时候路来了。这是为什么？这就是你自己的思维，你自己的自性，你得去运用它，动脑筋，思维它。

佛法的根本就是自己去思维，只有自己去思维，东西才能出来。如果光靠师父给你拨挑这条路，这条路永远不正确。要从自我开出一条路，一条路走不到头，就赶紧返回来，反反复复，抻出去的东西要回来，如果不回来，这个东西迟早要坏，要累死。这叫做人、修行。

度我佛心

　　捆头就好像一棵树被缠死了，如果学佛过程中没有这种状况，你将会面临一场失败。这个"有"是最好的"有"。为什么？这叫实相圈，这叫无相烦恼，要是没有它，你的身体早就死掉了。你的色身现在好像闭上眼睛就没有身体了，对不对？没有身体就是实相出了母胎，它就是那个它，无法再去描述了，说它是自性也好，天地真佛也好，一吾也好，有了它才有了一切。虽然有了它还是捆头，但你还是时间用得少，思维得少，没有把它彻底弄明白。举个例子：就这么大个环圈，非有非无的，如果有一天在这个环圈上"唰"的一下，你把它磨烂了，透体了，能在这个实相圈照出外面的东西了，好了，你从那天开始就兜率不住头了。但你一定要把这个透亮通过去，一百里也好，一千里也好,一万里也好,天边也好,宇宙也好,如果你能在同时发动妄想,你就能想到外环很远很远,都是你同时想的。明白这些道理,看到这些实物,你就不会再捆头。

但是,知道一切法是智,不作分别想是慧。你了解这是智慧了,比如你能看到遥远的某地,你永远不要去思考那个远方有什么东西,你要是思考远方的东西,就障道了,就害住它了。你就是非有非无去了解那个外边的,那些都是佛法,那些都是真理,那些都是时时刻刻的存在。如果你想打破沙锅问到底,看看那里有些什么东西,那是一种错误,我们不要管它。可以去看它,可以去跟它玩,不管它长什么样子,不管它好坏,你就跟它玩,一直和它玩,玩久了你才能明白,不可能见一面就和它熟悉了。这样思维久了,你就不会捆头,就开阔了,这就是功夫。

如果我们身心自在了,就能达到自己的身体能思维。如果同时在不同的地方都在思维,自己的身体在思维,外面的东西还在思维,你借它都可以去思维。这叫什么?这叫化身。千百亿化身释迦牟尼嘛,无处不在的山河大地都是如来嘛,我们非得去找西方的如来干什么?明白这些了,自心也能思维，它那一物同时也和你在思维，但是不离开自己，永远记住！这就叫法性活了。法性活了就捆不住你的头了，你把它放松，你这里会非常轻松。也许把头都忘记了，更没有把头捆住那一说了。再不会悲伤很悲伤、苦恼很苦恼了，悲伤和苦恼就是捆住你的头了。所以要思维，一定要思维。

　　如果就是一个宇宙的话，再久，一年两年三年五年过去了，这叫死定。死定是什么？不是落入了真正的禅定的如如境界，我们不要这个。不思维的时候你断断续续地知道宇宙和你同体的存在，这个也可以要，但是时间不能长。如果要五分钟至十分钟这样的宇宙，你这里可能会沉默；如果再久，你兜率住它，你就会烦恼，烦恼过去就是喜悦。所以我们应该做到既不悲，又不喜，做一个平常人。这是什么？这是诸佛。

同体大悲

山河大地，花草树木，它们也是众生，它们都能得度，它们都有时间等待。树的四季是人的一生，春季发芽，夏季很茂盛，秋季叶黄了，冬季落叶了。叶子落下来，就等于我们人死了。树的干还在，就如同我们的灵魂，第二年又长出树叶是第二年的了，它永远找不到原先的了。

我们要体会大自然，一棵树它也很痛苦，它也有悲欢离合，它也有喜怒哀乐，茂盛的时候它很高兴，叶黄的时候它很难受，那是一种枯冷。如果我们有一颗慈悲的心，可能树在春季发芽的时候我们都很欢喜，也许到了飘零的秋天和寒冷的冬天，我们心里会很难受。

如果你能去体会宇宙和植物的这些痛苦，这是什么？这就叫大慈大悲。学佛一定要大慈大悲，涵养一切，接纳一切，容纳一切，和合一切，同体一切，跟一切同体大悲，和合在一起，我们才配做佛的孩子、佛的弟子。我们正直才能弘扬佛法，才能度众生。

度众生不是简单地给几个人讲经，包括房子，包括我们坐过的床，包括我们穿过的衣服，等等，它们都有生命，我们不能瞧不起它们。有一天它们都会转成一物，乃至转化成人，它们只不过是修行落入清静的境界了，不会讲话了，实际上它们也会修道。

所以学佛贵在明白，不仅要明白世间做人的道理，不仅要明白一些佛理，而且要一切都能明白。比如日常生活中的讲话明白了，行走坐卧、穿衣吃饭明白了，时时刻刻我们都明白了，我们就与道相应了。我们不空过，我们时时刻刻就是觉悟，这是最可贵的修行境界！走到这一步，开悟不开悟，我们不管，自然去过就是了。不要今天还没修就觉得找不着路了，太难了，就像有人说的：我这根基能修吗？其实世上没有善根人，也没有断根人，也没有渐根人，只有觉悟的人。所以你自己要去觉悟人生的路，自己站起来，做出来，才是真实的。

每个人都是自我的宇宙，我们的五脏六腑，就等于风雨雷电。我们有渴饿热冷，对不对？我们渴了不喝难受，我们热了不休息难受，我们冷了不加衣服难受。为什么讲风雨雷电、人生宇宙呢？每一个物质，它都是一个宇宙，它都包含着宇宙的一切。无论动物也好，植物也好，砖头瓦块也好，它都是一个和合体，说白了，到最后都是一体。我们觉悟了，了解了，原来我也是个宇宙，大的宇宙也是我。其实它都是这几大组成才能和合，永远掌握着"中道义"法，不来不去，我永远让它不来不去，不生不灭，如果有来去就有痛苦，如果有生灭就有轮回。我们又不生灭又不轮回，又不来去又不痛苦，这才是如来。

这些细节我们都弄明白了，我们才能走上菩提的道。我们如果把微细的细节弄明白了，就进入菩萨的果位了。贵在明白，贵在用功！如果道理明白了，不用功等于零；如果只用功不明白道理，也等于零。所以既明白道理又用功才能得道，它永远是一环套一环。光有一，永远是孤独的，光有二，永远是磕磕碰碰的，必须得有三，才能和合在一起。一二三和合在一起，就是实相无相一切相，就是

"明心见性，见性成佛，见佛了生死"，就是我们万缘的根本。拿住根本就不放弃，就永远不会失去今天的我的存在，这才是真正知道了。

出现亮光

　　这个光是微亮的,如果这个光只在这里亮,亮久了会对你不好。你一定让它打开亮,打开也不要去执著它,也不要去瞅它,也不要用意念找它。如果你要故意执著地用意念找它,你的欲念到最后会更重,也许会想非常多不好的念头,因为自性随心走,自性随身走。

　　你要记住:它在亮时我不亮,永远要和它拉平和;不管它亮还是不亮,我不管,我永远不忘我,我只做我的事,这才叫亮。如果它在亮,你还要加个意念让它更亮,完了,这就是走错路的根源;假如你要时时刻刻看着它在亮,你又错了。所以"中道义"啊,永远都是不上不下,保持平衡。保持平衡谈何容易?就是从心做起,丝丝连连,不高不低。这才是一个人的光明智慧,达到这样的境界才开始成为佛的弟子。

　　过去的都已经过去了，以前不管你有多少欲望，斗争也好，是非也好，那都是以前，从今天起把它抛弃、放下，重新做起。把今天的里程走好了，让明天的事情像我讲的这样去做，这才是真正的道业来到，走上了菩提的路。如果达不到，你这个光再这样亮下去，时间久了，非常不好。我们不要它，扔掉才是佛光，你的光明才不会白费。

度化有情

学佛不要着急,要去明白佛理,要去了解念佛、拜佛、坐禅是怎么回事。我们不明白的时候,千万不要去乱修,因为它是无形无相没有路的,只有靠心里去体会。若自己给自己安排一条路走,那我们会走错路的。这些道理你明白了,或圣人讲的话、佛菩萨讲的经,你知道是怎么回事了,你就可以去用功。勇猛精进啊,禅定啊,持咒啊,念佛啊,这些都需要时间去弄明白,去断断续续地用功。

如果你明白了念阿弥陀佛的意义,会念了,走上了,念佛的功夫就来到了,就没有疑惑了。有疑惑就是没有明白佛理,如果你明白了佛理,就没有疑惑了。

同样,你要是明白了坐禅,明白坐禅有什么境界,了解中途会出现什么,你就不害怕会走错路了,并且断掉疑惑，路就走上了。所以不管你修禅宗也好，修净土也好，你都要明白禅净不二，都是一个方便而已。

我们初步念佛就是求得一个清静，我们坐禅也是求得一颗心清静。如果我们心不清静，死死呆呆地坐在那里毫无意义。比如坐禅，或许初坐的时候有妄想，坐的时间长了可能会有微细的境界，感觉坐在那里很舒服，很甜蜜，我们的心里可能就会有追求，有所追求就是走错路。所以不要坐得太久，念也不要念得太久，要常常更换题目才不容易走错路。

每一部经都好，读经要明经，不明经读何经？比如读《金刚经》，你得明白《金刚经》的意思，《金刚经》上每一个字、每一句话的意思你都要去明白，去了解，读了你的心里就明朗了。如果你的心里不明朗，你天天读的话，用处也没有那么大啊。

释迦牟尼佛说过一句话：一念不生般若生。意思是说，在你一念不生的时候，你就是那个主人翁。不要故意去找第二个主人翁了，在你一念不生的时候，就是那个般若生出来了，清静就是主人翁。

释迦牟尼佛说：无处不在。要记住：娑婆世界，包括山河大地、花草树木、太虚宇宙都是如来。再者，每颗微尘也是如来，如来大如太虚，小如微尘。所以读《金刚经》要去一个字一个字地明白它，了解它，你才能开始走上学佛的路，才能再去诵经。不明理修何道。不遇明师总是闲。所以我们要去遇到明师，让明师指点我们怎么做，我们再慢慢上路。不管你诵哪一部经，一定要先去了解它。

佛小如微尘，我们讲宇宙中每颗微尘都是一个众生，也可以这样说，每一物都是众生。我们度众生不只是度我们人类，六道、山河大地、花草树木、砖头瓦块也都是众生，它们跟我们是一样的，虽然它们没有言语的表达，但是它们也有一个内心的菩提，它们也等待着修行，证成正觉。如果我们学佛只单纯地解脱自己，度几个人，这不叫大慈大悲。真正的观音菩萨大慈大悲就是弘遍一方，弘遍一切，一方就是十方，十方就是一方，十方是从一生过来的。就像我们学佛，三佛是一佛，万佛是一佛，因为佛和菩萨是无处不在的，他们是一身，是一体的。把这些道理完全明白了，我们才走上正道，才开始修行。

度化有情

平静无畏

世界上没有一个人能够做到心无挂碍。我们得去了解什么是心无挂碍，而不是说怎样才能达到无挂碍。比如：我该去教学了，我要是不去学校我有挂碍；出门了，我要不给家里打个电话我有挂碍。其实这些不叫挂碍。对于一个真正的道人或圣人来说，难道想事就是挂碍吗？难道有事要去做就是挂碍吗？很简单的一个道理，烦恼即是菩提，如果我们把这当中想事的时间与我们的道运用到一起，这就不是挂碍，这也不是放不下，这叫做事，这叫思维。如果你跟着它去思维，利用起来，它就是菩提道。因为人要生活，要穿衣，要吃饭，所以应该把生活和修行统一起来。

有挂碍的时候一是很焦急，二是很粗糙，可能想这个挂碍的时候想不起别的了，就非得做这件事。这需要时间的保任，如果你进入一个长长的圣人菩萨的境界了，这种挂碍自然就没有了。所以还是得平常用工夫，这种工夫就是：一切顺其自然。每秒每分无论你自己的本能想的是什么，你永远利用着它，跟它和合在一起，事情来了随事而走，自然和合，这就是遇事不乱才叫定。

圣人就是遇事不乱，不乱才是定意，就无挂碍了。该做什么事就去做什么，内心永远是一种平静。如果你有什么事，平静不下来了，内心就是着急，这就是你的功夫还没有到家。如果你有了这种平静的功夫，无论什么事，外表着急心不着急，就是天塌下来，你塌你的我走我的，这叫功夫。你有功夫才能对治这个障碍。

应无所住而生其心，那就是一种无为的心境。挂碍跟这个是两码事，其实我们达到应无所住的时候，不就是没有妄想了吗？达到应无妄想应无所住的时候，不要再找一个其心，达到应无所住就是其心。很多人在初步学佛的时候，认为是应无所住而再生一个其心，所以他错了。若能达到应无所住，何苦去找别的心呢？那一片平静就是我们的主人，就是如来，知道这些道理我们就可以成佛。应无所住就是有所住，应无所住的时候才是有所住，达到应无所住的时候是妄想断掉了，真我出现了，那个才是真正的菩提，站起来了，找到了。

　　佛法永远就是没对没错，没反没正，比喻也是真实，真实也是比喻，贵在明白道理。如果明白了这些道理，比喻就对了，如果不明白这些道理，比喻都错了。把这些句子一个字一个字地弄明白，你就能成道了。妄想总是妄想，思维总是思维，我们永远要思维。如果我们不思维，我们就处于一个孤独的境界。过于清静我们不要，过于妄想我们也不要。要让妄想和思维都在中间，我们就要一个平静，有平有静。不可能都不要，因为你活着。

唯我独尊

佛教提倡的其实是到处做善事，不要造业。布施、舍得，不错。但我不管是在哪里讲经，从来不提倡弟子们到处去做善事，也不提倡去造业。释迦牟尼佛讲经四十九年，说法三百余回，常常讲道：好事坏事不如没事，走好自己的路。如果彻底了解这个事是善事，有意义，再去做；没有意义的善事不要去做。因为假如你做过后你后悔了，那还不如不做。人生有几大善举：修桥，铺路，建寺庙，度众生，劝人学好。做这些事是最有意义的。比如我们建寺庙，建一座大殿，我们经济宽裕的多贡献一些，经济不宽裕的少贡献一些，哪怕是我们只有一元钱买了一块瓦，上到这个大殿上，这个功德和建一座大殿的功德是一样的。因为要的是一颗诚心，不是说谁贡献得多，谁的功德就大。

我讲一个故事。据说梁武帝的前生是一个普通的老百姓，有一天他上山砍柴，突然间下大雨了，山上的一个小庙里有一尊泥菩萨，这个小庙漏雨，他就发出一个善念，把自己的衣服和帽子给这个泥菩萨穿戴上了，没把它淋坏。他当时也发了心愿：我得了帝位也好，发了财也好，我会修很多庙宇，敬很多佛菩萨。他就做了这么一点点的功德、善举，结果来生就做了梁武帝！他当皇帝以后开始修建寺院，三里路修一个佛教比丘尼住的寺庙，五里路修一个佛教比丘住的寺庙，最后说：噢，算了，比丘尼可能没有比丘多，三里一寺，五里一庵吧。他三里路又修一个比丘住的寺庙，五里路又修一个比丘尼住的寺庙。后来从印度来了一个高僧——达摩大师，当高僧给梁武帝讲经时，梁武帝问：师父，我三里路修一寺，五里路修一庵，我的功德大不大？达摩大师说：没有功德。当时梁武帝非常生气，达摩大师说：你不要生气，虽然没有功德，但是有福报的，你建好一座寺庙，寺庙存在就有你的福报。

真正的功德是什么呢？"功"就是自己有修行，认识了，走上了，明白人生和做人的道理了，"德"是自己修行久了，功夫成片了，修成了，这就是"功"与"德"。所建的寺庙只是给众生种下了很多的福音，真正的"功德"，就是我们修成永远不坏的金刚不坏体。所以我们要去明白"福报"和"功德"的不同。为什么学佛要去明白这些道理呢？如果不明白这些道理，我们学佛就意义不大，只是给我们种一点福田而已。

建寺庙是为了什么？建寺庙是为了成就修道人。如果一个地方建一座寺庙，哪怕只成就了一个人，这也是福报无量。为什么呢？虽然我们建了一座寺庙，只要寺庙存在就有我们的福报在，但是寺庙里如果有真正的得道高僧，那你就是福报无量。因为他会引导很多迷失的众生，点亮永远不灭的灯火，照亮千年的黑暗，照亮我们的永恒。

释迦牟尼佛说："若人静坐一须臾，胜造恒沙七宝塔。"也就是说，如果你能清静半个小时，这个功德比你建印度恒河里的沙子数量的宝塔功德都大。为什么？因为寺庙、宝塔终会坏掉，我们修行的真身舍利却是永恒存在的，就是不生不灭，不来不去，永远没有生，也永远没有死，永远没有来过，也永远没有去过。我们的灵魂遍满虚空，这就是我们无处不在的菩萨。

如果我们听讲经半个小时，这半个小时我们没有妄想，就是功德无量。这是指什么？这就是念佛三昧。禅净不二的定意你们得到了，虽然须臾间的时间很短，半个小时，但是清静啊，清静即是功德无量。佛本身是无，清静则有。就是说，佛本来是没有的，如果你的心清静了就有了佛；如果你的心不清静，到处求佛，是没有佛的。如果我们的心去求神，就迷到神上，如果我们一心去求佛，就迷到佛上，如果我们的心觉悟了，自己求自己，这才是真佛。所以去明白它，了解真佛，了解自我，然后才能走上了，战胜了，觉悟了，解脱了！所以修行非常可贵，做人、修行是最根本的一个解脱的事情。你看我们短暂几十年，从小到大，老了，很快就过去了。

什么是真实的呢？就是这一片平静是真实的，这个是我们自我的存在。假如我们有一天彻底明白了，我们就不会求东求西，看究竟菩萨在哪里。其实菩萨就在我们身上，离开我们的身体没有菩萨，我们就是求自己，时时刻刻不能忘记自己。如果做一个真正学佛的弟子，你今天把自己忘了，哪怕你念上一个小时的佛，两个小时的佛，今天也是没有修行的；如果你的心是平静的，今天十二个小时没有白白地度过，好像是一个时间过来的，今天你就是菩萨。所以一定要从我做起，从清静做起就对了。

动静不二

我们在日常生活中做事的时候,身在动,但我们的心要定;如果身体不动,定在那儿了,心就要动。这就是修行。如果你是心和身同时动,道业就上不来了。如果心不动身在动,这就是禅定;如果身不动心在动,这还叫禅定,这才叫动静不二。只有动是错误,只有静是外道,我们一定要进入动静,我们永远动静,动静,动静,所以修行贵在明白。假如你没有妄想了,到达忘我的境界了,这就功德无量。菩萨不是说吗?修行知空就无量。什么叫知空?就是没有妄想了。佛法是空的,知空就无量了,无量就是已经走上了。知道空中有我,我中有空,空有不二,空就是有,有就是空,这是二乘,这是进入圣人境界了。所以这道理明白了,日子就没白过。

在没有了解佛法真谛的时候，你没有找到真正的自我，你有欲望的追求。如果你彻底明白了，歇下来了，狂即歇，歇即菩提，什么意思呢？狂的时候是干活，休息的时候是菩提，你干着活的时候要歇一歇，回头看看劳动成果，如果你一直干，会累死的，永远不会有菩提的出现。所以菩提是歇出来的，是玩出来的，是洒脱出来的，这就是真我出现了，来到了。

你的欲望少了，欲望少了就动得少了，身体就会有变化。记住：在欢喜的时候你要给它低沉一点，在悲伤的时候你要给它点欢喜。既不让它悲，又不让它喜，不悲不喜就是平常，平常就是道业，释迦牟尼佛就是平常人，平常的才是真理。

如果有一天你看到你的圆满自性出来了，可能那一个月你非常高兴，但是也得给自己收一点挡，因为你太过于高兴了，你就会有所追求，你就跟它走了，跟它走以后，你就把它害住了。所以贵在初步！什么叫贵在初步呢？就是养道。养道的初步，如果你的法身慧命出来了，出来以后你如智如呆，不要故意去努力让它提前一天成道，这个不需要。

如智如呆是什么意思呢？我既不看你，我又不把你甩掉，但我又不珍惜你。这个分寸可能很难把握，但是你得照这个目标去把握。它来了我不高兴，它走了我不生气，其实它既没来过也没走过，它就在我身上嘛，它就是一个圆满的自性，它在这里也许会显现出一个很明朗的火球似的东西，也许会像一根蜡烛似的，有了我们也不管它，没了我们也不生气。如果你彻底明白了此身就是诸佛之母，你的身体就是诸佛的母亲，你的身体就是天真可爱的自性，这就是大的圆满的觉悟。

释迦牟尼佛说：若人见实相，是人得解脱；若不见实相，释义得解脱。实相是什么？就是我刚才打的比喻。不管是什么，都让实相中的东西显出来，如果没有东西显出来，不见实相，那么释义得解脱。这是什么意思呢？就是从意根下手。我们念佛不都是意根吗？兜率六根就是兜率意根，兜率六根好像太复杂了，我们从兜率意根下手，它就是我们的意念。如果有妄想，不要怕，你跟着它想，它想什么你就想什么，一直跟着它，它就失败了；如果它想什么,你总想把它拽过来,本来是一个妄想,结果就成为两个妄想了,我们不要。想它就想它,你跟着它,这就叫烦恼即菩提。本来是个烦恼,但你已了解了烦恼,你跟着它,它就是菩提。为什么?因为佛法没有对和错,佛法没有善和恶,没有好坏,没有时间,也没有空间。它无论是什么,我们都跟着它,跟着它它就失败,它一失败真我就出现。这是指什么?这就是一念不生般若生。般若生了,所以说跟着它,一跟着它,它灭了,那个般若就是了,不能说再出来一个才是。

修行贵在明白!这些道理慢慢走就通了,就把你引上路了,彻底上了路以后,你没妄想了,诵佛经也好,念佛号也好,不管什么人讲法,你都能分辨真和假了,一看书就明白对与错了,这叫辨解。这个辨解就是你的真空妙有的智慧聪明的洒脱,那就是你了。不管谁讲,只要你能听懂,这个就是你的,也许讲者不懂,但你懂了,你就从上面得到你的智慧聪明了。能听懂这番话,就是菩萨。

人生一明

开悟有大小,如果把一件小小的细节之事弄明白了,这叫微细的开悟。明白道理了,走上事了,开始了,叫彻底的开悟。开悟即是明理,明理即是修道,修道走上了,就是一个字——"悟"。我们别把它想象成一种神通似的,"悟"就是我们开悟、明理。有很多学佛的人都认为:这个人修得好,开悟了,明天出什么事他都能预测出来。这种人不叫修道人,叫预测家,这种人只能预测别人,准不准不知道,但他不了解自己。

其实开悟没有大小之分,所有你开的大悟都是你开的小悟积累过来的,没有那些小悟就没有那个大悟,所以它们是一体的。"小悟无量,大悟十八次"是禅师给打的比喻。什么叫开悟久了?也就是说一天两天,三年五年,十年二十年过去了,心里这么多年的里程自己踏过走完了,这才叫大悟。如果没有走完谈不到大悟。大悟久了,自然桶底破了。

什么叫"桶底破"?真正的桶底就是自己的身体。把自己从脚到头贯通了,身体的四大和我的自性的灵魂分开了,又分开又合一,永远不分开,永远不合一,这是真正的佛理。释迦牟尼从桶底破看到满天星,他开悟了。这是打一个比喻!这一句话的意思就是彻底看透了自我的身体,即《心经》上说的"无眼耳鼻舌身意"。没有身体了你说是什么?那就是破了,看到满天星了。什么叫满天星呢?满天星就是指宇宙。我的色身报身法身,就是一身,容纳了这个宇宙,进入了同体大悲,这才叫桶底破。

明白了万物的一切,和合了,不寂寞了,不悲伤了,但也没有多大的喜悦,它就是一种平常的境界,是一种平静,可以说是一种说无奈不无奈的境界。在漫长的日子里一天一天地修行,随着时间的推移,日久方成,你自己的法身就修圆了,修圆了就是一个圆融无碍的你,你和宇宙同体了,和山河大地结合在一起了,这叫修行。"开大悟"、

"开小悟"、"桶底破",这都是禅师们的一个口头禅,打个比喻。

　　修行不能着急,你越想快反而越慢,你不想了,它也不快了,也不慢了,它正在走,就是"如如不动"。如果你进入"如如"了,就会如智如呆,藕断丝连,好像在这个虚空中飘满了一种云雾似的,你在那里似挨地似不挨地地走着。为什么说罗汉走路离地三指高呢?因为在他的心性中没有宇宙,没有地球,没有山河大地。"离地三指高",这是打比喻,只要他有肉体,如果他每天离地三指走着,这不是人,这叫空吹。

点亮自我

修行到一定阶段后会觉得好像进入了一个误区,像有一层什么东西贴着脸似的,究竟前进是对,还是后退是对,用功是好,还是不用功是好,非常迷茫,好像在经历一种黑暗和空洞的境界,这种境界叫无相境界。佛门中无相三昧识为第一,如果你达到了这种境界,一直这样走,没有真正的老师指点,你就会落入这个空洞,永远出不来了。那该怎么办呢?进入空洞的境界不理它,我就行走坐卧、穿衣吃饭,运筹我的一切事务,并且从我的心海里去觉悟宇宙,觉悟自然,觉悟花草树木、山河大地,就去体会一切。这就是六祖大师说的那句话:不断百思想,对境心数起,不管菩提长不长。

在修行的旅途中,进入空洞的境界、无相三昧的境界是最漫长的过程，别强求三五年就解脱，这个不要想。你把你的道业当成生活，当成人生旅途中的活着的无奈，不管它。也许你一天就过去了，也许你一年就过去了，也许十年也过不去，为什么？因为你的一颗心，你的心认准了，定下了，走上了，才得入平静的解脱。为什么说不能着急呢？因为你不了解空洞和黑暗是什么；不了解空洞的境界会出来什么相，什么神通，走出什么自然；不了解什么叫走出空洞叫做光明，你没有见到这个光明。如果你从空洞的境界里走出来了，噢！拨开云雾见青天，白天可以看到满天星，你就不再消极了。

　　如果你感到消极，感到非常无奈的孤独，悲伤的时候比高兴的时候多，看人生是一种苦恼，这个时候就是你真正进入孤独境界的日子！如果有一天，山绕着水走，你就能见到明天，看到了太阳，慧光出来了，看到了自己的智慧之光。拨开慧光以后是什么境界呢？好了，再没有你面前的迷蒙了，再没有身子被套住的感觉了，你就放松了，放松以后就感觉到了佛法的不可思议和无处不在。在你心里再没有山河大地，再没有日月星辰，再没有宇宙，只有

"我"的存在，还不知道在哪里。如果你知道时时刻刻"我"的存在在这里，这个东西是不正确的。知道"我"存在，你和虚空是一体，你是一切，一切是你，但是要从你这里发出，时时刻刻还得了解你在这里又不在这里。所以佛法前也不是，后也不是，中也不是，到最终只有说默然才是。无论怎么比喻也无法来讲清楚他的日子！

完整地说，佛法就没有理，没有对也没有错，要是一心一意找对错，我们永远找不到。什么是对？什么是错？我们的心平静了，如智如呆，藕断丝连，与虚空一体了，我们就走对了，这就是佛法。

参透自我

迷失颠倒,这很正常,在修行的过程中,进入这个境界就是失去了你以前那个欲望本身的本能,把欲望的本能可能失去了。你慢慢认识了佛法,你修得妄想少了,没有欲望了,进入了一种平静的境界。每个人的自性都是天真烂漫可爱的,它愿意自己动一动它就动,它不愿意动的时候,你怎么拨挑它都不动。

为什么我们会丢三落四?因为你有个肉身,你和它还没有分开。如果你的肉身有一天和你的自性解脱地分开了,也许你会觉得更清静,妄想慢慢地就没有了,也不忘什么了,也不丢三落四了。

在你现在的修行过程中,自性只是一个顽皮的孩子,还没走出来;如果走出来了,你就不会再有妄想,不会今天丢明天忘了。在修道的过程中，热了烦躁了，凉了难受了，渴了，饿了，不吃不饿了，睡了不睡了，一睡几天，不想动了，丢三落四，等等，不管出现什么境界，这都很正常，为什么？因为自性和身体总要分开的，如果身体和自性不是分开的话，我们修道永远修不成。自己的自性好像跟肉体分开似的，但又没分开，即分即合，到最后才能说是一体。

在日常生活中，特别勤快时加一点懒惰，特别懒惰时加一点勤快，这就是不大喜，不大悲，落入中道义，做一个真正的平常修道人，这就是佛理。佛法即是平常，你要是达不到平常心，你就还没有懂得佛法。我们和正常人一样，但是我们又不喜又不悲，过着一种洒脱、自如的日子，一天一天走入平静。为什么说断掉妄想走入平静呢？"平静"就两个字，有"平"才能"静"，"平"就是不晃动的意思，"静"是定的意思。我们学佛一定要明白每个字的细节道理，这样你才能正确领会佛法。为什么说"禅静"？"禅"就是在坐禅、在运用，禅久了，才能进入"静、定"。

那些落入枯木境界的人一天到晚追求禅定，定那儿了，不是一年二年，也不是三年五年，可能一坐就是十年八年，才能落入枯木和空洞的境界。那是特意造作、强求的人进入了大禅定了，感觉禅定是一种非常甜蜜的境界，就不想再从禅定里走出来，那才落入枯木的境界。只要你每天穿衣吃饭、干活，那你永远落入不了。

"如如不动"，如来的意思就是不生不灭，进入"如如不动"的境界，才能产生如来，不生不灭，从没生过也没灭过，从没来过也没去过。要明白"如如"在这里的意思，如果只说一个"如"字，即"如不动"，这句话就是错的。为什么要在"不动"前添两个字"如如"呢？因为"如如"两个字的意思就是在拉拉扯扯，前前后后，东东西西。要是只说两个字——"不动"，这就不是佛法，这就不是一种圆融无碍、活的境界，就成了一种死相，我们不要执著这个，一定要进入"如如不动"，如智如呆的境界。

修行要了解这种境界，"如智"就是轻微的意思，好像知道好像不知道，"如呆"就是我知道了，我很聪明，但我要给自己控制一点，呆一点，我不那么狂妄，不那么聪明，我要进入如智如呆、丝丝连连的境界。一个字的细节非常重要，修行时如果细节搞不懂，你的道永远不会前进。如智如呆，即是说：知道一切法是智，不做分别想是慧。我知道这里面是一切法，我也不去想这里面有什么东西，就是说我们只管干活不管收获，了解了这里面就有智慧，就在这个里程上一步一步走过去，不管什么时候走到头。如果你心里总想着什么时候才能走到头，那么你永远走不到头。路是无止境的，走了这路还有那路，我们就在这个路上平平淡淡地过日子，时间久了，日久方成，成道了。

法宝圆满

"妙用"离不开"灵巧",自己修行的本身的自性本能,它什么都有,它不是修来的。真正做一个佛的弟子,你不要想着我们用多少功,磕多少头,才能修出功夫。"信愿行"一点都不假,"信愿行"我们要去了解,真正的佛教弟子,不是说相信释迦牟尼,也不是发多少愿,做多少功德,帮助别人做多少善事,"信愿行"不是这样的;如果说"信愿行"是这样,那只不过是世间的福报。"信"就是相信自己,相信佛法不思议。过去的圣人、释迦牟尼、得道的三世诸佛、大菩萨,他们修行的过程只是给你讲明白一个道理——相信自己,相信自己本来是佛。认识自己了,找到自己了,给自己再发愿——我永远不变。愿心发过了再加上行动,"信愿行"具足,才谈起自性开始了。

进入"信愿行"开始了，认识自己自性的本来面目了，好了，"灵巧妙用"了，"明心见性"了，找到自我的存在了，这才找到了"灵巧"。找到"灵巧"很长时间后才能谈"妙用"，不是说今天找到"灵巧"了，明天就可以"妙用"，这是错误的！我们不谈"妙用"，就谈"灵巧"。"妙用"要从"灵巧"里发出来，我们假如把"灵巧"找到了，默默地去修行，"妙用"有没有我们不用管，为什么？因为你管不了。你不要想提前成道，提前有收获，为什么？因为你还没付出。如果你付出了，几年以后，"灵巧"一直在"哗哗哗"地付出，"妙用"自然就出来了。"灵巧妙用"这句话的意思是"拿住根本即是后得"，"灵巧"即是"妙用"，有了"灵巧"就有了一切，拿住根本后得就来了。

　　我们今天能够相信自己，找到自己，认识自己的"妙用"，认识自我的存在，好了，你就已经宣布修行结束了。为什么这样说呢？今天的修行认可就是最后的那一天，中途的过程都是你今天这样，也就是你最终的那一天，天天就是这一天，没有第二天，天天就这一个时间，没有第二个时间，我们此时此刻觉悟自己，此时此刻不离开自己，开始叫忘我，中途是找我，最后是放下我。真正达到放下我其实没有放下，真正是忘我的时候其实没有忘我，我们到最后也不忘我了，也不放下了，也不解脱了，好了，你就是圆圆满满的一个佛的孩子，成就了！这就是"灵巧妙用"的用处，所以这是个过程。

说透人生

在修行过程中应抱有一种态度——"成玩了不管它",但你要知道后面还有一句话——"放下的珍惜"。玩它的时候你得知道是怎么玩的,不管它的时候你得知道你在干什么,这样才能说"成玩了不管它"。所以圣人义,一义解千义、解万义,那里面一个字的意义太重了、太广了、太大了。虽然佛说:道不是修来的。但他又说了:道是歇出来的。歇即菩提,为什么呢?你干完了活儿回头看看,休息了,噢!才有收获,这才是解脱。如果我们不把每一个字的细节道理全给弄明白,你永远成不了道。

我们都知道"明心见性,见性成佛,见佛了生死"。什么叫"明心见性"?"明"是明白道理,看到了世界万物,一切都处于生老病死中,时时刻刻把时间都飘摇过去,佛就是谈这生老病死的。我们能够珍惜我们这几十年短暂的日子里程,过上二十年、三十年、四十年,几十年如一天过来的日子,你说是什么概念?这就是一个字——"道"。为什么老子讲"道法自然"?开始你不去找这条路,你永远谈不起自然。虽然说,道不是修来的,其实,确切地说,道不是故意修来的。我们不能把佛的意思理解错了,如果你故意强求、刻意去修,那么你永远成不了道。

道是自然平静而歇出来的,所以我的日常生活,我的时时刻刻,我的分分秒秒,只要我不是睡着了,我都知道自己在做什么。这个不是很粗糙的知道,而是放下的轻微精细的知道。好像身上的重担,担着一百斤重的东西,你卸掉九十九斤半,就剩下那半斤拿着它,似拿似扔,不知道是扔掉了还是在拿着。达到这种心情的轻微,你说它是什么,没法比喻了,它就是"道"!每天度过的日子能达到这种心情,大的原则是无处不在,小的原则是你就环绕着你的身体,每天都处在一种空洞和明朗的境界中。

什么是"明朗"?不是说白天能看到天上的星星,那都是比喻,不要执著于那一个字眼。

"满天星"是什么？也就是说你无处不在了，你看到自己本来的法身自我了，这个时候可以说了：噢！婆婆世界没有一巴掌不是我如来所住的地方。每一寸土地都在我的心里，众生都在我的心里活来死去，死去活来，生生灭灭，走来走去。

禅宗有一句话："死者决不死，生者决定生。"什么意思呢？也就是说，"死者决不死"，死的只是肉体，"生者决定生"，如果你今生修不成道，你的灵魂还在一直飘摇着，还要转生，也许做人，也许升天，也许做鬼，也许坠入六道轮回的生死道。所以人生短暂可怕，我们一定要把握珍惜人生的每一时、每一刻。

修道把善恶明白了，你就慢慢走上了。我们不要故意到哪里去行善，也不去作恶，最高的修行是什么呢？是"随缘消旧业，莫再造新殃"。活着的，死着的，没有一物不是在天天造业，如果不是天天在造业的话，世界就没有六道的轮转。凡夫怕果不怕因，圣人畏因不畏果。圣人不给自己造因果，果报来了就接受它。佛教讲一切都是缘分，我们已经明白这个道理了，就再不去做那些无聊的事情了，你要做的话,有因就有果,"因果"二字就是从这儿来的。如果能达到"随缘消旧业"就是在修福德,这就是说不是善不是恶出来了。我一不行善二不作恶,能不作恶就是行善啊,"诸恶莫作,众善奉行",所以要明白道理,不明白道理永远找不到自我的存在。

万古一心

三心是什么？现在心、过去心、未来心。法师也讲，居士也讲，善男信女、四众弟子都知道：三心不可得。什么叫现在心、过去心、未来心？对于一个圣人来说，就是"直指人心、见性成佛"。现在、过去、未来的意思就是我给你讲经的时候，一开始现在，路程过着要过去了，我的话落音了这就是未来。所以我们要找到三心，我们既不要现在，也不让它过去，也不要未来，我们就要我，时时刻刻今天的我，这一秒钟的我，这一分钟的我，这一小时的我，我不要三心的存在，如果你有三心的存在，你永远找不到未来的佛陀。

什么法身、报身、色身，就这一身。什么叫兜率六根？兜率六根就是兜率意根，把意根兜率住了，那六根自然就兜率住了，它们是一体的，就是一。一万个数从一数，一万尊佛是一尊佛。观自在菩萨，观察一切，观察自然，噢！花草树木和我一体了，树的四季是人的一生。树的四季为什么说是人的一生呢？它的树叶落掉了，树干是什么？是我们的灵魂。明年再发的树叶不是它了，明年这个树叶它开悟了再去回忆去年那个树叶还有意义吗？没有意义了。所以树活几十年，就换了几十年的身体，可怜吧？这个树能活八十年它就死过八十回，一年死一回。它最好地验证了我们的人生！

佛法的修行不是到外面去找，我们一个人的完美就是佛法的完美，也是宇宙的完美，也是人生的完美，也是这些物质的完美。我们的肉体是由地、水、火、风四大因素组成的，加上虚空中的灵魂，五大合成，成为一个人。其实树木、山河、大地，哪一个不是这样合成的？

你把一块砖头瓦块悟透了，你就悟透了你的来历。比如，草不可怜吗？好不容易春天发芽了，秋季就不行了。来年再发芽，已经是第二棵草了，不再是它了！这也能验证我们的生老病死苦。但它不觉悟吗？要觉悟却没时间了。

得到人体才能修道快一些。大树也有成道的啊，不过，大部分的大树彻底老化枯死后，不知道它再去转生什么？如果它再转生为这些如枯木一样的大树，它还要那样受罪，一年一年地守着一个老干柴再去受苦，它很苦恼的。所以进入圣人的境界就是一种悲心交集的境界。

弘一老人说"悲心交集"是他提的，如果弘一老人真正地达到了悲心交集的境界，说出这样的话，与众生是一体的悲心交集，我很佩服他是个圣人。真正圣人的心情就是每秒每分都是一种大慈大悲大爱，因为他跟宇宙是一体的，宇宙万物在生在灭，在衰老在得病，他的心一直跟它们是沟通的，所以他是很痛苦的。他心里的这样一种痛苦、无奈啊，代替不了。所以他明白后，他只有用心灵去和宇宙沟通，劝它们去修行，这就是解脱。

佛说过：佛不度人。如果佛能度人的话，世界早就没人了，一切都是靠自度的，自己明白了才能解脱，自己不明白永远不能解脱。不要向外求法，心外无法，法外无心，离开此心就没有佛法，我的身体是诸佛的母亲，我修行要从我身体上走过。如果我们想要追求有神通，有菩萨保佑加持，这是背道而驰，不是佛的弟子。佛教是用自然的科学去觉悟自己人生的大路，我们不去寻找第二条路，世界本没路，路是人走出来的，有人走正路，有人走偏路。什么叫正？什么叫偏？如果正偏都不走，才叫正，才叫路。正和偏只是人们心里的分别，世界没有正路和偏路。

如果没有人心，一切都不会存在；之所以存在就是因为有人的心，一切唯心造。世界万物都是心造出来的，不管世界的科学再怎么发达，都是人为的。如果没有人心就没有一切，心是万缘的根本。古人不是说过吗？若人欲了知，三世一切佛，应观法界性，一切唯心造。也就是说，现在、过去、未来，三世一切都是释迦牟尼佛，要从观上下手，观察一切，认识一切，认透自我，一切都是心里造化出来的。

刹那永恒

刹那间是永恒，对啊！这句话可以给初步修行的人讲一段，给在中途的人还可以用上，给最后解脱的人那更能用上了！

对于一个初步学佛的弟子，一心一意想念佛、想拜佛，但是他还没有找到真正用功的路，也许念上半个小时或一个小时有一点清静心了，这就是刹那间得到的东西。呦！感到这一会儿非常好，还想追求这种境界，但是没有了！

对一位修行中途的人来说呢，他能得到刹那间的境界，好了，他再不修了，因为他一直在等待这种境界。他不去故意修这种境界了，如果他故意修这种境界，这种境界是永远来不到的。为什么说是给中途人说的呢？因为修行在中途出现这种境界时，他就知道应该如智如呆，耐心钓鱼了，再不追求了。

　　要是给见性成佛的人说呢，刹那间他就用上了，他刹那间就能开悟！刹那间就能解脱！此地就是净土！就是这一秒钟，一小时，一天，一年，十年，五十年，一百年，我这一辈子，就是这一个刹那间的时间，我才能进入如如不动、不来不去的如来境界！不要小看刹那间，永恒的时间就是刹那间的时间，就这一个时间，没有第二个时间，每个修行的人都是从刹那间得到东西的啊！

即空即我

怎么样达到"即空即我"?这个"即空即我"说白了还是"空有不二",虽然你知道是虚空,但是可能你没有同时找到自我,也许你认为是一种"空"得什么都没有了的境界,为什么你不回光返照"空"中有个"我"呢?说是一种虚空,但虚空中有你存在啊!谁在想这个虚空?谁认识到这个虚空了?谁在知道空中的这个人呢?其实,这就是"空有不二",这就是"即空即我"。你要知道了"空有不二"是和合为一,每天的日子都这样地走过,你就是菩萨!

佛法讲一切是因缘,离开因缘没有一切。因缘不熟不要强求,因缘熟了,果自然熟。该知道的明师自然会告诉你的,这就是成熟了!所以你解脱了就知道——梦醒了!这就是"即空即有"。落入"空有"就是一,你处在中途的境界；进入"空有"不说了，你达到了最后的境界。到达最后的境界了，你就与自然界的山河大地、花草树木，与宇宙融合了，一体了，这叫即空即有。

坐脱即亡

"坐脱即亡"意思是如何坐上解脱的境界,如何达到往生西方的境界。在修行的旅途中,第一,迷蒙的昏沉你要扛过去;第二,夜晚该休息的时候要休息。如何去修行,如何去用功,在你自己的二六时中要自我调整。如果有人指挥你,让你几点几分做什么,那是骗你的;如果告诉你怎么用功得道快,那也是骗你的。

正确的方式是:我把方法给你讲明白,适合你的你才能去做。比如说:到夜晚该休息的时候,过了十点十一点,人属阴了,你就要休息了;黎明四点多人就又属阳了,你应该起床了。你也可以披着被子打坐一会儿,打坐时,外表看似什么都不想,但内心在思维这个宇宙,这个人生,这个花草树木,这个山河大地,这个房屋,等等,这些东西你都要去思维，不停地思维。如果你思维了半个小时，可能累了，累了就坐在那里休息，什么都别思维了，想思维的时候再去思维。如果你能坐上一个小时或两个小时，适当地起来散散步，在散步中还要去思维，谁在拨挑你走路？你为何知道花草在吹风？谁在制造风雨雷电推动宇宙的变化？其实这都在我们身体的五脏六腑和自性的境界中，这就叫"如何坐脱"。你把这些功夫用上了，日久方成，就是解脱。

在你的日常生活中，顺其自然，如智如杲，洒脱自如，随机应变，你愿意干什么就干什么，在心里没有善念和恶念的时候，就是一个字——"善"。你不要想：噢，我工作浪费我的修行了，我思维浪费我的清静了，我干活耽误我的打坐了。错了！你干活也是你在打坐，你的工作就是你的修行，你的思维就是你的解脱，它们共同把你的自性和脑海拉活，才能进入解脱和即亡的境界。

我们"即亡"不是死了才能往生，我们活着就要往生极乐世界，为什么？你修上五年至十年，都处于解脱的境界里，你说是什么？那就是往生极乐。大的解脱就是往生极乐，我们还要什么？往生并不是说：死了往生西方极乐世界。西方没有极乐世界，极乐世界在我们心里，在我们当下，在我们活着这一刻的宇宙和我们自身上！我们要往生自我的极乐世界！真正的功夫和修行的解脱是靠自己努力取得的修行成果。多动脑筋多思维，才能了解"善思维"，"善思维"不可思议，"善思维"能够成功，就是解脱。

性相一如

"明心见性"和"相"完整地来说,"相"的意思就是"有"的意思,"自性"的意思也是"有"的意思,"性相一如"应该说是"相一如",不能说"性相一如",是"实相一如"。"性相"两个字是一个意思,这个说法适合刚刚明心见性的人,才见到实相自我的人,因为他还没有觉悟到无相法。要是说"无相一如",这也就是见性成佛的话,见性成佛的人才能说"无相一如",也就是非有非无,实相无相。了解了实相,了解了无相,到最后就是无相、实相就是一相,即一切相。时间久了,如如禅定,进入"无相一如"的境界。所以要进入"无相一如"的境界,如果能处于这种境界中几个月,"无相一如"过去了,你开口就是"一切相一如",这"一切相一如"的境界就是"见佛了生死"。

达到"见佛了生死"的地步，按步骤来说就是走到第三步了，但是谈不上解脱，初步开始了生死了，还没有解脱。真正解脱了，诸佛心印了，三世诸佛，依般若波罗蜜多故，得阿耨多罗三藐三菩提，得道了，才说：噢，一切就是这样！只有不说了，没法再说了。

进入"无相一如"的境界，是什么呢？虽然说是"非有非无"，有我的存在，又有虚空的存在，有实相的存在，同时又有无相的存在，它们俩可以说是光擦光，是一种透亮体，明心见性透亮的体如光的体就是"无相实相"，你和"无相实相"成为一体，好了，这是指什么？这一句话就是"以吾人念佛"，你找到了自己本来的这一吾，找到了你从古至今修行的自我的存在，不管你行走坐卧，穿衣吃饭，讲话，应酬，工作，你都是念佛，你都是解脱。看到山河大地的花草，看到每一物的存在，你同时只有一个念头：又是无相又是实相。你再不说那个专一的实相啊，或者专一的无相啊，你再不提这样的话了。

无相实相、实相无相就是一！进入"一如"的境界，

"一"是一切,"如"是"如如不动",应该再加一个"如"字,"无相一如如",如果你只是"一如",这叫禅定,没有慧海,再加一个"如"字,就是禅定慧海一如如,你可以感觉一下,你多说一个字你的心里会舒服些。为什么说多说一个字就舒服了呢?再多说这一个"如"字,"一如如"就证明你的心性活了!那往后是一种圆融的境界,圆融无碍,佛法是圆融的。如果你达到"见佛了生死如如"的境界,那好了,那只管等时间吧,可以说就是在休息中等待时间,看玩没玩,看修没修。如果你看玩在玩,如果你看修在修,还是等于没修;如果你达到玩而不玩,修而无修的地步,心不着寂寞,心不再追求佛的境界了,心不再去修行解脱,到了这一天,这才谈起见佛,开始"了生死"了。

"见佛了生死"虽然只有几个字,但它的意境太大了!你达到"见佛了生死"了,完整地说,就是你日夜不浪费时间了。睡着也是清醒的,醒了还是清醒,在你的脑海和记忆里再没有昏沉或不昏沉那一说;如果你心里有昏沉,如果你白天有迷惑,就证明你的道业功夫不深。"见佛了生死"这是第一步;"见佛了生死"的第二步境界就是,在白天的十二个小时中我没浪费一分钟,我的脑海和宇宙一起环绕,一起觉悟,一起衰老,一起死亡,一起解脱,一起再来;"见佛了生死"的第三步境界是,上面说的那个一起啊,这样啊,那样啊,都不说了。如果你"见佛了生死"第三步踏上了,也许有一天有人找你问法,你也会给他讲上"明心见性、见性成佛、见佛了生死"的第一步和第二步,第三步你也不说了。为什么?因为诸佛心印,每个人修行到这最高的境界,无法再说,不可说不可说。

　　一个人的修行有一个人修行的层次,一个人的路程、一个人的心性转化不可能有第二个人去控制他。大师给你点化一下,拨挑一下,你要动脑筋去走你的路程,这才是你个人的"明心见性",解脱生死;虽然"明心见性,见性成佛,见佛了生死"只有短暂的三句话,但你得去多思维,彻底思维不动了,再请教师父,师父给你讲出来这句话是怎么回事了,那是师父的,你要在师父的话题上动脑筋再思维你个人的理解,这才是你的,你才能解脱。

性相一如

菩萨境界

　　世间其实没有上根、中根、下根之分,分别只是我们心里的感觉,不要去执著那几个文字。不要认为:出家才能成道。其实大家是一样的,众生的自性都是那么圆满,没有谁多谁少,觉悟没有谁先谁后。释迦牟尼佛比我们早修几千年,其实他没有过去和未来,只有今天,他一直还在修行,没有早或晚那一说,我们觉悟了我们就与佛相应了。为什么?因为世界就这一天,没有第二天,永远都是这一天,永远都是这一个时间,没有第二个时间。为什么说世界就这一天呢?为什么说没有第二天呢?因为在佛心里永远都是平静的,没有说按天来算这个日子的。我们今天彻底大觉悟了,你说是什么?这就是菩萨。

　　如果你明白道理了,上路了,上路以后不代表你彻底成佛了。为什么呢？你明心见性了，你上路了，贵在保任。什么叫保任呢？就是我不错过每一秒、每一分的时间，我不错过每一日、每一月、每一年，默默地、慢慢地从内心去保任它。在保任的过程中，你如果保任得好，天天都是极乐世界，你一个月没有保任好，这个月就没有到极乐世界，就是娑婆世界的人。但是我们踏上这个里程，走上这个路，就进入了初地菩萨的境界。

你不要想着菩萨已经解脱了，菩萨不代表解脱，八地菩萨还要轮转呢，比如八地菩萨再来，因为他一定要轮转，所以来到世间苦修几十年最后才能登上九地。九地菩萨就是辟支佛，进入辟支佛的境界，他就不来不去，不生不灭了。九地菩萨以下，八地菩萨到一地菩萨都要轮转。轮转归轮转，但他没有痛苦，常法身，常六道。常法身，常六道是什么意思呢？即是说，我来到世间，我就知道：噢，我已经明白前生是菩萨，但是还有色身苦，还有痛苦，生老病死啊，还脱不掉。

菩萨只是法身，只是解脱，但不追求解脱。什么意思呢？我知道我已经进入菩萨的境界了，但我不追求哪一天去解脱，去涅槃。涅槃不涅槃我不管，成就不成就我还不管，因为我活着就是在修行菩萨的路。所以我们就做好今天的菩萨，不管明天的解脱。为什么这么说呢？如果今天就没有做好，还谈什么明天的解脱。把今天做好，这就是菩萨，既然你能走上这个空的路程，了解了菩萨的果位，修行到菩萨的正果，这样一年，两年，三年，你说是什么？你就是活着的菩萨。但是这跟你彻底地解脱生死还无瓜葛。

如果说念几天阿弥陀佛就把你接走了，那都是不懂佛法的人的理解。看到阿弥陀佛、西方三圣临命终来接你，你就走了？如果有佛、菩萨来接引你，就是一种错误，就去外道了。

《金刚经》说得好：一切有相皆是虚妄，见相非相才是如来，若以声来求我，以色来见我，此人行邪道，不能见如来。一生拜我也是求我，不能见如来。这都是假象。我们为什么读经不去明白经的道理呢？不要天天到处跑着烧香，这是错误的。

要去明理、明经，道理懂了，一个三年做好了，接下来第二个三年就好过了，因为那是你自然修过来的。前三年可能有一点故意,有时候你把自己忘了,虚空也忘了,时间也忘了,自我也忘了,所以你要提示一下。为什么要一百斤的东西卸掉九十九斤,就剩一斤拿到心里?我时时刻刻知道我,我工作也好,吃饭也好,穿衣也好,讲话也好,我就是不忘我,返观嘛,永远是在返观自我的普照下。这是什么?这就是华光,就是佛光普照我们。

什么是佛光?你能返观住自己,就是佛光在普照。这叫"返观观自心,返闻闻自性"。永远了解我和它、我和它、我和它。这是什么意思?说白了就是一,我即是它,它即是我。先观我内部,后知外境,如果内部我都不了解,外境我也不去找它。为什么?外面的东西是靠不住的,我们不要。如果你明白了佛理,就逐步往上增长,因为自性的灵巧妙用你自然会明白里面的道理,你就一步一步地踏上路程了。

修行是一种空洞和黑暗的境界,只有靠你自己去摸索。师父说得再好那也是师父的,师父只能把大道理给你讲明白。讲明白了,如果你觉得对,你就可以往前行。本来无有路,走错了那就不是路,走对了就是路,这即是菩萨。

佛光自如

什么叫佛光？为什么讲日光菩萨、月光菩萨？为什么说宇宙都是佛光呢？这里都是佛光。佛光随着日月走，佛光随着白天黑夜走，这一切都是佛光，没有佛光的存在就没有我们的存在。如果说是中阴身临命终时走了，看到那一种光明穿越石壁、擦过山河大地，就有一种光在走，这些都是幻境，都是人死了想象中的虚幻，如果没有想象就没有它。我们心中想什么就有什么，你若信神，有没有神？有。你若信鬼，有没有鬼？也有，什么都有，都是自己心里造出来的。

举个例子：你想修成道，想修到什么程度，去极乐世界也好，去天堂也好，在你心里就造化出一片西方的极乐世界或天堂的境界，它们很快就来到了，来到以后你就迷上了，迷上以后你就相信这就是真的了，然后你就要朝着这个目标去走了，所以你就开始走错路了。

修行的人成千上万，没有一个人认为自己修错了。所以我们要去动脑筋，谁有道理，你可以去细细地了解他的道理，了解透以后，你自己走你自己的路，那才是路。别人走的路我不走，我只是看看那个路是怎么修的，了解透了我也修我的路。

古语不是说吗？吃别人嚼的馍没有味道。其实这很平常的话就是真理，这些话每天环绕在我们周围我们都不相信，非得去大殿求佛，没办法！

放下自然

因为修这个无相法门，就像念佛、坐禅一样，它很容易兜率脑袋，脑袋被兜率住了，感觉木木的，好像有个东西套住头了似的。套住头走不开了，就会有时悲伤有时高兴，有时候感觉到非常难过。为什么难过呢？这就是兜率得太狠了，妄想少了，妄想少了以后，自性憋得慌，自己把自己给捆锁上了，它就会难过。所以一定要把它放松，怎么放松呢？

举个例子：我们和宇宙是同体大悲的，让它们分开，你不要光用脑袋想事，好像这里有亮光啊，好像这里一片光明看着非常舒服啊。你不要看它，你如果是用意去看它，反而是帮倒忙，拔苗助长。本来这样不累，你要是用意去看它，就觉得累了。

所以你不要理它,你用脑袋想别的,好像这里没有什么东西可看似的,你才能过去这一关。严格地说,几十年都得这样度过,给它彻底拉活,你要是故意这样做,那肯定是很累的。

就像我们念佛一样,你若故意执著地念,又累又没功夫,歇下来才有功夫;就像我们坐禅一样,你要是故意在这里打坐,想着我不打坐就有妄想或者什么,那永远有妄想。所以我们要放松自然,心里平静地去修道,这才是宝贵的。你把佛法、释迦牟尼、观音菩萨都了解透了,也了解怎么修行了,那就只有上路解脱了。

佛光普照

再说佛光,举个例子:我们现在在这里坐着,很明朗。本来就很明朗,但你要故意返观这明朗,那你随时都会觉得累,当时就累。它自然要回光返照,它自然要回来时你别理它,如果你要去看它,心情就沉默了。所以不要理它,它本来就有,你何苦再去找个有呢?如果你再故意去看这个有,那是第二个有,已经乱了。

我们身上肯定有一种华光,一片光明,它不是多亮的光,它永远随着宇宙而转,随着黑夜和白天而动。在白天的时候比白天白一点,在黑夜的时候又比黑夜白一点,这个才是光明。当你在守住这个光明的时候,这个已经不是光明,而是黑暗了,你所守的这个是刚才那个光明的力量还没有走掉,你把它守住了。其实那个真正的光明已经飘远了。如果你又珍惜它又不守它，这种光明又有又无，进入非有非无的境界，这才是真正的光明。这个分寸很难掌握，如果你不是有意地守它，你就又忘记了；如果你要守它，又守不住它。所以一定要达到就像我们念阿弥陀佛一样，念得轻轻微微，藕断丝连，用一根线拉住它，但是如果线粗糙的话，我们就又失败了；如果我们不守住它，我们还等于失败，空过光阴了。

我们既不能空过，又不能守住它，这叫空有不二，空中有我，我中有空，进入空有不二的境界，你说是什么？就是我。什么是我呢？虚空中遍满的都是我，我还是我。从我中才能发出一切，不管是遥远的故乡，还是遥远的天堂，得知道是从我这里发出去的。如果把自我忘了，看到外面的境界，如：天堂啊，家乡啊。那个是假的，不是真实的，我们不要。所以要把准了，不要把光阴浪费过去，如果五年、十年、十五年，都是从这一个平静的境界中过来的，那你就是菩萨。

随缘不变，不变随缘，我也没来过，我也没去过，我也从没生过，我也从没死过。这又是什么意思呢？这是说，从我们今天醒来到傍晚入睡，是一个时间走过的日子，就等于没生没灭，又没来又没去。我们一定要了解它的细节，我们这一个小时没有妄想，很平静，如智如呆，好像一秒钟度过的，我们就是没生没灭，又没来又没去，这才是如来！

如来！如来！若一个字"如"，那是死定，加个"来"字，就是反反复复，来来去去，不生不灭，不来不去，不垢不净，就是我从来也没多过也没少过，这就是"如来"。这讲的是在时间上用功夫，一天这样，两天这样，一个月这样，那你这一个月就是菩萨，就是极乐。如果第二个月不是，第二个月就是娑婆。我相信一个月能达到这样的禅定，第二个月自然也能。我们就是前期很难做到，前期是什么？前期是明心见性，拿住根本。拿住根本即是后得，它没有前后差别，只要你根本的东西找到了，那你后面的东西就来到了，就是这个道理。

很多学佛的人，开始都想着求佛啊，学神通啊，想找一点神通，这是不正确的。我们不要神通，什么是神通？并不是我知道明天要发生什么事了，我有什么预感啊，这些不是神通，是旁门外道。真正的大神通就是我们和日月星辰、花草树木、山河大地、宇宙是同体大悲的。在我坐这儿一念不动之时，我与宇宙是丝连的，这就是最大的神通，我们和合在一体里，没有第二物的存在，就是我的存在，山河大地在你心里很渺小，让它物由心转，转回来。

如果不是一个修行的人，他到了深山老林，感觉深山太大了，自己很渺小，是不是？要是一个修行的人看到高山大川，没什么了不起的，都在我心里。

禅师真理

"佛门没有什么修的,是空的。"这是不懂佛法的人的看法,你说这个"空"是不是还是"有","空"也总是"有"啊,就是"空"它也是"有"啊。我们要了解虚空,战胜自我,觉悟自我,找到自我的存在。

我们到很多地方都是学学规矩念念佛,学规矩是应该的,念佛更是应该的,坐禅也更是应该的,但我们要从这里面走出来,我们不能一天到晚总上一年级。如果上了八年一年级还没有长进,我们还不如不上呢!所以我们要跨过一年级。

虽然佛法没有高低,是平等的,但是只有我们把这个道性修出来了,觉悟出来了,才能谈得起平等。在我们没修之前,你想不分层次,不分高低,不分远近,那是不可能的。

虽然诸佛、菩萨、圣人都说：噢，法没有什么可修的，我们自然修道就成就了。他是修成了才敢这样说啊！如果我们没有经过一番寒苦去磨合，一天一天地走过来，是不知道此路的，只有走过来了，才明白此路即是路。

这个路从哪里走呢？从心里走。并不是说有一条光明的大路等我们去走，谁走都可以去极乐世界，这样的话世界上早就没人了。所以修道都是从心里去修的，我的主张永远就是：明理即修道，不明白不要去修行。你把实相、无相、一切相了解了，你把空有不二明白了，你把每时每刻的日子把握好了，藕断丝连的如智如呆的境界就来到了，天天就度过这种洒脱自如的日子，这是什么？这就是菩萨，就是西方净土，就是清凉的极乐世界。此时此刻觉悟自我，从来就是我。开始修行是忘我，中途是找我，最后是放下自我，珍惜自我，所以佛法永远是一种颠倒。

为什么放下自我又要珍惜自我呢？你要是给初学佛的人说这样的话，他听不懂。你放下了怎么去珍惜呢？其实说白了：放下即是珍惜。就像我讲的：我从来不劝弟子们行善，我也不劝弟子们作恶。如果我们不作恶，你说是什么？我们不作恶就是行善。如果我们天天故意去做一件善事，那是善吗？那不是善，是造作。我们守住自心，问心无愧，走好自己的路，这就是修道。为什么最平常的道理我们不去了解呢？最平常的道理都没有了解就想去找深奥的道理，这不是很愚昧吗？我们要去走路，走好了才能跑步。没有去走就去跑，那肯定会失败。

三藏一明

你读什么经书我都不排斥，只要你能从书上悟出你自己的真理，经书只是你的拐杖，你要读你自己的一本心经。释迦牟尼佛讲经四十九年，说法三百余回，到最后他说什么？佛不度人。佛所讲的经都是给自己讲的，都是我自己走的路程，你们要是学我的规矩，学错了不怨我啊。所以读书的时候，一定不要迷到那个文字上，如果你迷到文字上了，就走错路了。

在一个人开始学佛的时候，我不主张学太多的法门，有一天你明白了这些经书，你看了就不会误导你了。本来这个世界上就一个人在说法，没有第二个人在说法，大家都是一起在说法，你明白了就是你说的。比如，玄奘法师说的，你去明白它，如果你看明白了，你就是玄奘法师。

像《观音菩萨普门品》，你要是读懂了，你能行观音菩萨的行愿，你就是观音菩萨。

所以在你没明白之前，要去多悟，多参，多了解，多明白，久了以后，你都可以讲经说法。法在哪里？法在你身上，外面没有佛法，如果到外面追求佛法，你永远追求不到。自己是自己最好的老师，相信自我，战胜自我。经书多看也好，只要你不迷到上面，如果你迷上了那就坏了。相信自我是自我的老师，师父只是你们的引导师，是你们的拐杖，帮你们把灯上面的锈挑一挑，要点亮这盏灯，永远靠自己，在自己身上找这些智慧的灯火，把黑暗全部照亮，你们才能走出无相的菩提。

宗门中无相三昧识为第一，走出无相三昧的人寥寥无几，如果我们能走出来，那真是不可思议，不知道修行多少劫了！所以一定要珍惜我们的修行岁月，但是我们不能排除生活和工作，我们活着要生活要工作，我们把世间的事做好，佛法修好，最后道业也完美了，这才是不白往来这世间一次，这个是最宝贵的！

你说有它没有，你说没有它又有，佛本身是无，清静则有。为什么这样说呢？几个弟子去问佛："有没有佛？"释迦牟尼佛说："佛本身是无。"弟子们又问："那叫我们修什么？"佛说："清静则有。"如果你静下来，你就是你个人的一尊佛，我释迦牟尼是我释迦牟尼，到最后你修不成佛的果位你永远看不到佛，如果你修成了，释迦牟尼佛千百亿化身都是释迦牟尼佛。

所以贵在明白道理，明白道理就能修道，不明白之前哪一法我都不修。我就要去明白，什么是皈依啊，三宝啊，我都要去了解它。皈依佛、法、僧三宝就是皈依自性佛、自性法、自性僧三宝。和尚是僧宝，他们都是我们的老师，佛讲的经典是法宝，我们都可以看，但是我们看懂了就是共同的老师，没有前后差别。完整地来说，都是同时觉悟的，也是同时解脱的，也是同时修行的。

其实过去、现在、未来从古至今就一天，就是今天，没有第二天，也没有第三天，我们就相信今天，我们今天觉悟，我们今天就找到了真理。虽然释迦牟尼佛的故事已有两千多年了，但这只是人们为了纪念这种日子而已。你说那一天是哪一天？那一天还是这一天。所以学佛要明白真正的道理，今天就是最好的最宝贵的，就这一句掏钱都买不来。为什么买不来呢？你修成了，你明白了，我讲的你听明白了，你才是买回来了；如果你听不明白，你把你所有的宝贝都给我，这一句话也没买走。这叫什么？这叫心心相印。

修行一定记住不要着急！没有第二个心，心心相印就是一个心，宇宙就一个，整个宇宙都是从自我发出的，万物都是从心里生出来的，离开此心没有一切，世间是心造的。

念佛好不好？好。念佛是弘法的一种课程，如果不念佛、不坐禅、不烧香、不拜佛，那开始时如何引导众人皈依佛教呢？所以它是我们修道的前提，是弘法的手段。我们做佛事是佛教必做的功课，也是引导世间的，如果没有这些，世间看什么？所以我们什么都要做，都要去弘法。

佛法是圆融无碍的，要了解佛法。好坏我们不排斥，好歹我们不说他，他是他，我是我。每一个修错路的人都不认为自己修错了，都说自己是正确的。所以我们即使认出他是不对的，我们也不说，他不对是他的事。完整地来说，一切唯心造，修什么都对，如果不是千人万人去修，那就没有千经万论。不管是神道也好，鬼道也好，天堂也好，地狱也好，畜生道也好，都得有，若没有就不成世界，宇宙的同体就是这样，万物生存都得有，菩萨是无处不在的，我们去解脱就好了。

我给你们讲的这些，你们听懂了，那就踏上这个路了。说到做到，做到说到，光说不会做是狂慧，光做不会说是外道，我们做到就说到，说到就做到，这叫理事不二，有理就有事，有事就有理，同时并行才是真正的菩提路。

光有一不可能，光有二是夹杂，一二三合在一起才是一，这个就对了。所以修行就是这样，飘飘荡荡，你说它是定，但是它又动，你说它一直动它又定。为什么叫身心禅定呢？身体在这儿坐着禅定，但心里在动，如果我的心不动了，我的身体在动。永远得有一个动，动静如一，有动有静才能如一。如果光静那是死定，如果光动那是狂动，我们要进入动静如一的境界，这才是菩萨的境界。菩萨都是这样修行修来的，我们要去学菩萨。

古来很多修行的人，进入禅定了，出不了定了，进入大定的境界，永远坐那儿了。那个很可怕，我们不要，不求那个，我们永远求动静如一的境界。修行明白了很容易，不明白了很苦恼。去明白它，慢慢来。

此路即路

感觉没路走的时候把你的心定下来，如智如呆，又知道又呆那儿，这就是路。不要再找此路，没路走的时候就是路已经来到了，如果你再故意找第二条路，那个不是路，没路走了就不走了，停下来再看自己，这个时候路开始来到了。如果我们东西南北去找路，哪里都没有路，上下也没有，此心就是路，定下来才能找到路。

不生不灭的自性是一种光芒，什么叫不生不灭呢？就是指它能澄出多久、停顿多久、知道多久。比如我这个讲话就是不生不灭的自性啊，你知道它只是一时的，而不是一世的。我们修行要修一世的，长久的，永恒的。长久的就是指一年三百六十五天是一天过来的日子。不要今天这样，明天那样，那永远解脱不了生死。

"如如不动"的意思就是今天、明天、后天就是一天，永远都是这一个时间，永远停顿在这一秒钟，没有第二秒钟，这才是进入"如如不动"的境界。真正的一个得道高僧的境界，一个圣人的境界，一个诸佛菩萨的境界，一生中的境界就这一个境界，没有第二个境界。如果有第二个境界，就是不究竟，不究竟就是不解脱。为什么说就这一个境界呢？从早至暮就这一个境界，它永远就是不定，也是定。不定只能说是对了一半，定也只是对了一半。从定中取出不定，不定中取出定，这才是你真正的菩提。但这个菩提出来了我们还不要，还要进入你的境界，这就是修道。

古今自我

能把自己的真我找到了，存在了，能时时刻刻不忘记我的存在了，这个就是修行。记住：我讲的一切都是比喻。这种存在是丝丝连连的、微细的、一点点的那个念头，不是一直想着我的身体是在这儿一直地存在的。不要太粗糙，如果太粗糙你会觉得很累。

每个人都是自己宇宙的主人翁，心又着于一处，又不着于一处，如果你着于一处是不对，如果你不着于一处还是不对，我们永远处于着和不着的两个中间，它永远没有一个固定的地方。如果它有了一个固定的地方，这就不是佛法，所以无处不在就是这种境界。你永远在心里又有又没有，外面的东西都是从你心里发出的，那个心就是主人翁。日久以后，就会炼出你的自性，就会炼出你的光明，就会炼出你的东西，你就会跟你的自性玩了，就走上路了。

　　我们的佛、菩萨都是表法的，每个佛、菩萨手里都拿着一个法器，其实那是自性的代表，宇宙的代表，自我法身的代表，所以一定要去明白它。如果明白了，再去跟自我玩，不在内不在外有一种东西，但这都是比喻。你明白这个吾，玄出来了，就是你永远跟自己在玩了，那就是你的世界。

　　微尘即是极乐世界，宇宙即是自我逍遥在佛心里的人，即是菩萨。讲经要讲细节，佛友间切磋也要谈细节，如果你总谈粗糙的那几句话，你永远在此路上走不动，如果把细节弄透了，才是又没走又没来。所以贵在细节，贵在思维！我只管去思维，对错我不管，出现什么我不要，我只管去做，如果停顿下来，菩提永远长不上来，但是也停不下来，因为我们在呼吸，呼吸如果停了，我们死亡了，菩提就不活动了。

大千存在

肉身和法身是一身，自性和身体是一体，它们永远不能分开，如果要分开就是走错路。妄想总是妄想，它不是真实的，不要理它，去找自我的存在，这个是最大的修行，也是最大的珍惜，这叫放下的珍惜。你那个珍惜太粗糙了：我就是守着你看着你。不要这样。我所说的珍惜，是一种轻微的珍惜，永远的珍惜，时时刻刻的珍惜。

永远不能忘记自我，如果有一秒钟忘记自我，我们就去不了极乐世界。要究竟，极乐世界的人都是究竟的人，究竟你才能涅槃，涅槃了才能不生不灭，不来不去。进入禅定了，不来不去了，不生不灭了，才与如来相印了。如果你们一天清静一个小时，又智又呆，又定又不定，又有实又有空，你们的人生一直是在这种状态中度过，这一个小时就是极乐世界。如果一空到底，那不正确；如果一想到底，那也不正确。光空无有不真实，光有无空是外道，我们永远就是空有，空有，把空有拉活，能拉活就是修行，这就是念佛，也是坐禅。

在修行的过程中，什么境界都是虚幻，什么叫幻境呢？瞌睡是幻境，愚昧还是幻境，如智如呆还是幻境，聪明还是幻境，这一切都是幻境，这一切也都可以说是神通，我们不要，无论出现多大的幻境，我们不管它，都让它过去。我们的心里不管是智也好，呆也好，忘也好，想也好，如果外面感觉一个身体还可以多用的话，外面还可以想，时时刻刻都可以想，这个时候就是非妄非真，没妄没真，这才是境界，这就是真理。

妄想打得越多越好，只要这个妄想不是故意压的，不是故意来的就好。如果你只打一个妄想，这是没用的，也没有什么好处，这跟初学佛是一样的，这跟境界是两回事，所以要慢慢去明白它。妄想来了就不要念了，站起来一会儿，修行认识透了，你慢慢就走上了，你走上了，就知道这种境界可贵了。今天明天后天是一天，即是走上了。

在修行的过程中，千万不要装糊涂，在糊涂中千万不要说聪明，这里面是不能掺假的。不管你修行到哪个层次，你只要错过秒分，你只要错过忘掉自己，这就是不究竟。如果你们从早至暮，从早起醒来这一秒钟，到临睡这一秒钟，永远是一秒钟的停留，这叫什么？这叫念佛三昧，这叫菩提大道，这叫大慈大悲。为什么？找到自己了，没有忘记自己，这样才能觉悟自己，才能解脱自己，这才是佛的孩子，才能成正觉。

不能一天到晚都在吃饭、游玩、做事，却把自己忘了，这等于把今天的时间浪费了，永远也找不到今天的时间了。你们把今天的时间浪费了，明天的时间一样会被浪费。为什么？因为今天没珍惜好。所以我们永远要今天，不要明天。不要认为今天没做好，等到明天来做，这样的话明天更做不好。你的觉知，当下找我，永远不能忘我，才能成道。如果你说：这是无相的部分，我可以成功了。不错，这是成功的一部分。

宗门中无相三昧识为第一，无相是一种空洞的境界，如果我们从空洞和黑暗中走不出来，我们就面临着一场失败。从古到今，两千多年，没从无相中走出来的人太多了。为什么？因为他们自认为进入无相就能成道了，都是这样失败的。因为不想动脑筋啊，或许禅定，或许走上一条真正的邪路了。所以进入无相非常容易走邪路，如果你有一种妄想它就转不过来了，它自然会走邪道，如果你的身体跟着它的邪念而走，那就错了。如果进入无相没有身体的话，永远不会走错路；有了身体，带上夹杂，就有了欲望，就容易走错路。

如果你们想事，只想一件单纯的事，赶紧牵回来，打开它，打散它；如果你只想一件事，不打散，你可能放不下，这是什么？这就是障道，这就是执著一条路回不来。所以无相是一种空洞的境界，非常难掌握，你必须多动脑筋，多思维，多转心。完整地来说，看书也好，看花草也好，看人生也好，一定要学会一直更换题目。如果无所事事，什么都不做，那很快就会走错路，所以要不停地做事，如果你停下不做事，你就会走错路。为什么？因为自性是天真可爱的，它没有对错，没有上下，没有东西南北，没有善恶，没有好坏，但是如果你有了身体就有了这些。

对与错是谁让分别的？是身体要求的。极乐世界谁让去的？身体让去的。就是你的身体阻碍了你的道法，我们要把身体和自性互相和合，自性和身体互相利用，只有身体不成道，只有身体那是堕落，一定要让身体和自性相互合一，让它们并肩而行。因为有身体，假如心里动一个坏想，那你可以掌握自己很快把它放下，给它更换题目。

什么叫坏念呢？实际上对圣人来说没有善念坏念的区别，但是你有了身体，做出了违背世间做人原则的事，那就是坏念。我们一定要更换题目给它改回来，如果不改回来，就是走错路。一念走错，这一天就回不来了，想再更改回来，已经来不及了。

所以如果念头来了，用中道义法给它拉平，这就是修行。不管你们修行得多好，如果这些细节和道理你们做不好，就说明你们都有欲望，都有邪知邪见。如果有邪知邪见，那赶快动脑筋把它拉回来，把自性给它拉活。对于进入无相的人来说，虽然自性很可爱，它没有妄想了，但有了身体，它想一个妄想就想不回来。如果它回不来，它就会随身体而走，这时你一定要更换题目，提起觉观放下着意，提起着意放下觉观，提起佛号放下坐禅。记住：永远都要做事。

其实修行很简单，修行的过程不是让我们故意去做事，你工作也好，走路也好，吃饭也好，比如你正在吃饭，但心里还在想事。它可以多用，多用就是说我们的心活了，就是变得智慧聪明了。如果你们的心不能多用，一直在这个无相上走，那很可怕，因为那就是一把利剑，很容易走错路。给你们讲这些，就是让你们的心多用，一生多用，这样你们才不容易走错路。

我在给你们讲法的时候，我这个心在外面同时可以动上亿个念头，跟宇宙是丝连结合，跟山河大地是一体，花草树木都可以一起听我宣讲佛法。这是什么？这就是千百亿个化身，自心多用。达不到这些，你们都容易走错路。为什么？自性太单纯了，无相就是一啊。无相的境界是没有妄想，是一种空白的境界。我们不要这个境界，如果在这里面时间久了，我们会走错路的。

我在这里给你们讲经，如果你们能在这里听经的时候，又没我的存在，又没你们的存在，只有一种外环的存在，内知外有，这就是菩提的大道。但这个念头又不粗糙又不微细，同时又知道宇宙的花草、山河大地和你一起在演讲佛法，一起在听你说法。能达到这种境界，绵绵续续，就是可以开始进入菩提路了，就不再走错路了。但这种境界不能是一时的，今天明天后天三天是一天，都是这样过的，你这三天能过，你这一个月就能过，能在这种境界里过一个月至一年，你们就都可以成功了。为什么？不会再改回来了，它自然活跃了。

你们的境界有的能达到断断续续，有的很单纯，有的丢三落四想不起事来。所以你们要去努力，虽然说道是歇出来的，菩提是等出来的，但等中还有一个找，在歇中还有一个知。如果我们光歇着而不知道，那等于空过光阴，如果我们歇着的时候又知道，这才是我们歇出来的菩提，才是修行。

大道理你们知道，细节要去弄透它，一个字的细节都很重要，细节弄不透，你就等于没走上。大家都知道"明心见性"，也知道"见性成佛"，也知道"见佛了生死"，这是根本上的字，是原则上的字，一定要把后得的东西全部拿到手,这才是你天真的自性,才是你辩才的智慧,才是解脱生死的大道。有很多人说:感觉什么都没有了,还修个什么呢?这是走不动的人才说的话。

慧定我佛

空洞的境界，不是空定。如果要达到空定，你们还不够格。什么叫空定？你要是坐上三十年了，四十年了，往那儿一坐，什么都没有了，这就叫空定。我们不要这个，因为进入空境的空定，与解脱生死毫无瓜葛，我们要的是行走坐卧的禅定，我们要的是如智如呆和宇宙的丝连，跟它永远是同体大悲，才是大慈大悲，这才是真正的度众生。你能达到这样的境界，在这里你不用说法，无语言的沟通就把山河大地、花草树木都度了，更不用谈其他的性灵。

如果你空洞的时间长了，你一定要把它拉回来，不要空得太狠。说白了，就是在歇中知道有一种微细的念头，你在行走坐卧中在动啊，在动就是有，但是你没有留意你的微细。如果你留意你的微细，永远跟它玩，就走上菩提的路了。

　　虽然说这有一种空定的空境，但你没在那里禅定啊！你的身体在动，这就是有，如果你定那儿了，心里在动，还是有，如果你坐那儿就是定那儿了，心里不动，那就是空定，我们不要空定。我们想要禅定的话，我们的身体定那儿了，心要一直和宇宙沟通，这就是修行的功夫。严格地来说，那就是在思考，但那是一种轻微的思考。如果我们不坐禅的时候，比如我们在穿衣、吃饭、讲话、走路的时候，我们的身体在动，但我们的心要定下来。永远要记住：身动心不动，心动身不动。它们永远是只有一个动，不能两个同时动。如果两个同时动就不对了。

　　一个人哪里都能思考，不是非得这个心才能思考，脚也能思考，手也能思考，身体也能思考，每个毛孔都能思考，它们本来就是合一的，没有分开的啊。不管你怎样思考，你得知道这都是从你自身发出的，你得知道从你自身发出的这个山河大地，不要外面这个山河大地，外面没有山河大地。山河大地是此身，此身是极乐世界，此身是宇宙，此身是太虚，我们的身体代表一个宇宙，我们不要外环这个宇宙。

我给你们讲花草、讲宇宙、讲一切，不是讲外面的，全部讲的是五脏六腑自身的，你可以代表一切了，还要外面的东西干什么呢？外面的东西永远不是我们的，我们不要，这样才能成佛。把自心的这一切找到了，外面就跟你是一体了。如果看到幻境，那也是你的幻境，但也是你的真实。没有那个幻境，就没有真实，有了那个幻境，才能把那个真实引过来。但是不要去追求它，它来我也不烦，它走我也不生气，永远保持一个平常的心态，这就是道路，就是菩提。

一个能用上功的人外表是看不出来的，如果外表能看出来，那就是没有用上功，能看出来的就是故意的。所以要去了解佛法，不要乱修，不要自作主张寻找一条路，佛法本来没有路，此路即是路。

坐禅的时候，如果有了幻境你就拼命看它，不要怕它，从心里战胜它。如果你怕它，它还要来，它会乘虚而入，你弱它就强，你强它就弱了。一定要战胜自己，一切唯心造，其实无论出现什么，那都是你的自性，因为你可以代

表一切。自己的三千大千世界和宇宙思维开了以后，思维往外扩散，让外面和你是一体，并且你的心得是从外边过来的，这叫物随心来。不能心去追物，如果你去追它，即是一种错误。

一日千里

　　修行要不停地更换题目，这样你就能成道，道业就是这样成的。但是自然还得留意，所以修道就是这样，光自然是错误的，光留意是执著，我们自然又留意，留意又自然，永远都是中道义。如果我们光来也不对，如果我们不来也不对，不来不去才是如来。

　　我给你们讲的都是真理，佛所觉悟的，可以说我所明白的，都把细节给你们讲得再没法比喻了，这是最透彻的指路了。比如，"不来不去，不生不灭"几个字谁都知道，但是什么叫"不来不去"？怎么算达到"不生不灭"？所以一定要把握细节才行。"生灭"二字你们要去了解它，去走上它，去觉悟它，如果把生灭的走上和觉悟了解透了，我们才能往生极乐世界，我们才能拥有真我。

所以道理给你们讲得明明白白了，功夫就需要时间了。假如今天你能断断续续、丝丝绵绵、自自然然地保持一个小时，可能再往后你就没力量了，在你没力量的时候，就是力量，在你感觉没保任的时候，感觉空虚的时候，你认为是浪费时间了，其实这不是浪费时间，这才是真佛。如果你开始故意去保任的时候，那个不是收获，我们不要。如果你了解这个道理了，没有浪费这个时间，等于今天你没空过。如果你总感觉着：我没有保任住，我浪费这个时间了，那你就是浪费时间了，因为你一定焦急啊，当你感觉焦急时，你今天就空过了；如果你不焦急，你认可了，好了，今天你没有空过，明天还不会空过，因为万物出于一心，一切唯心造，这一点都不假。

初步一切唯心造，中途一切唯心造，最后一切唯心造，永远没有离开此心。如果我们离开此心，我们就永远成不了佛，佛是永远与自己的自性在玩的，这就叫不错过。玩的过程又丝连，又不丝连，丝连的时候他了解透了，不丝连的时候是菩提在长。如果能这样玩上两三年，彻底能拥有这个功夫了，你就知道丝连和不丝连的好处了，自性自然不动，自然有人提醒。你们可不要认为真的有人提醒啊，这只是一个比喻，丝连也好，不丝连也好，你知道自己存在就好。自己的身体一定不能忘记了，时时刻刻不能忘记自我，所以保任非常重要，需要功夫，需要更换题目，把你的脑海拉活，拉活了，你停也停不下来的时候，这个才是保任在一起了。如果你断断续续，想一个小时停顿两个小时，那你永远拉不活。所以脑子不能停下来，它累不坏的，如果你不多动脑，永远成功不了。

不忘自我，多动脑筋就是用功，你个人就是一个宇宙，外面都是你的心发出的，它在发出这一秒钟的时候和宇宙丝连，与花草树木同归一体，你永远是主人翁，这就是菩提；如果你忘了自我，去追求外面的境界，那就是走错路，忘一分钟错一分钟，忘两分钟错两分钟。佛就是永远不忘自我的人，所以把自性玩得滚瓜烂熟，明明朗朗，无处不在，这就是道业，如果玩得不熟，就等于菩提还在那里澄，没解脱，还差得远。

真正的解脱，是白天和黑夜都没有了，因为不管白天还是黑夜，它都是一个时间。世上没有时间，也没有空间，只有微细的遍满了虚空的自我的灵魂，这才是菩提。其实白天还是黑夜，黑夜也是白天，只不过我们睁着眼白天能看到东西，黑夜只能看到黑暗，其实它们是一物，只不过是随着自然变动而已。如果我们把这个黑夜和白天了解透了，走上了，那我们的前途就是光明的，这个光明也是打的一个比喻，不要以为是有一种佛光在普照着我们。

在日常生活中，我们就要有一颗平常心，做一个平常人，平常人才能做出不平常的事，只有进入不平常的事，才能了解不平常的人，这就是佛。修行需要时间，需要体会，一定要把时间珍惜在你心里，顺其自然地过日子。我们醒来就想去穿衣，饿了就想去吃饭，这就是自然，这就是本能，这些本身自然带的有，我们要学会去运用它，这才是最高境界的修道。

如果我们故意去修某一法，佛法没用，永远没法。只要不是故意想的，就是你的本能，我们要的就是这个本能，我们要的最高境界就是我们每秒每分它自然想什么我就利用它，与它和合，这就是了解你的菩提了，这样就可以和自性结合，永远不会分开了，如果你故意去更换题目，那就是走错路。所以我给你们再三地强调：我所讲的都是比喻。比喻中还有细节，如果你明白了细节，你才能踏上菩提路。

千经万论

什么是实相、无相、一切相？这三个词的意思就是：明心见性是实相，见性成佛是无相，见佛了生死是一切相。实相是什么呢？举个例子：我在这里打坐，偶然间出现一盏灯也好，一支蜡烛也好，一把火炬也好，这都叫实相。你们观看诸佛菩萨的相片也好，塑像也好，他们身后带的那个圈叫实相圈，金色的会冒出金光，黄色的会冒出黄光，紫色的会冒出紫光，白色的会冒出白光，它是一种柔和的光明，不刺眼，大慈大悲。

我们真正的灵魂、自身、法性、慧命是什么？就是佛光，就是实相，就是我们的真身。我们坐禅也好，念佛也好，如果达到一心清静、平等、正觉的念佛三昧，就有功夫了。有功夫可能就会出现一种相，但是在修行的过程中，这种相你不要去追求，如果出来了，在这儿悬起一盏灯也好，一轮月亮也好，一个太阳也好，一支蜡烛也好，一把火炬也好，我们都不要理它，不要去追求它。如果我们故意追求它就等于拔苗助长，就障道了！这句话的意思是什么呢？佛不是修来的，佛是从自然中得来的。

实相、无相、一切相进入了，就有智慧了。你们想一想，我们天生的功能自然就知道渴饿冷暖，这就是天真的自性，它是可爱的，它是了解一切的。如果你天天去故意修佛，那么你永远也成不了佛。做一个佛的弟子也好，一个神的信徒也好，你一心去追求神就迷到神仙上，你一心去修菩萨就迷到菩萨上，你一心去修佛就迷到佛上，如果我就修我自己，这才是真佛。

如果有欲心就要向外追求，你要是追求佛，追求菩萨，追求阿罗汉就走错路了，因为外面没有诸佛，没有菩萨，没有罗汉，没有天神，没有天堂，没有地狱。它们在哪里呢？就在自心自身上。把自心找到了，让自身安定了，天堂就有了，西方极乐世界也到了。

释迦牟尼佛说：我给你们打个比喻，西方极乐世界假名西方极乐世界。其实呢，心清静了，当下就是净土，此地就是极乐世界。我们初步学佛的很多居士，合掌面向西方默念阿弥陀佛，这是错误的。东南西北方只是我们心里的造化，在我们天真可爱的自性中根本没有东南西北，没有上下，没有天堂，没有宇宙，只有我的存在。这才是真理啊！所以你心里只要有欲求的念头，不管是善念还是恶念，都是错误的。如果我们进入的是一种甜甜的如智如呆的状态，一种平静的善念中，这个才对。我们不强求，不刻意，不要故意，一定要自然。

虽然佛教是一种自然，但是在初期我们也得去用功修行，才能从不自然走向自然，这需要过程，需要时间，需要去走。我们要做到"信、愿、行"，相信佛教，相信有菩萨，相信永远不变的自我，找到自我，战胜自我，觉悟自我，随缘不变，不变随缘。能达到随缘不变、不变随缘就是一尊初步的菩萨。相信之后要发愿，发什么愿呢？发大愿：我要修成。如果今生修不成的话，就没有机会了。

很多学佛的弟子说：我们今生修不成，来世接着修。我最不相信这句话，因为我们今生能闻到佛法，又有肉体，又有这个智慧的脑袋去觉悟人生的真理,都没有机会去修成佛道,难道还要等到来生吗?我们断气以后不知道往何处去了,来生是很渺茫的,我们不求来生,就求今生。今生求今天,今天就求当下,要把握住当下。举个例子:我在日常生活中,行走坐卧也好,穿衣吃饭也好,讲话也好,我过的都是一个时间,从早晨醒来到夜晚睡觉,都是一个时间,没有第二个时间,这叫什么?这叫没有空过,没有把时间浪费掉。如果你能明白一天的时间就是一个时间过去的,没有第二个时间,没有初步的时间,没有中途的时间,也没有结束的时间,就是今天,珍惜它,这就是走上了佛道。我们能做好今天就等于做好了明天,明天做好了后天也就好了,今天做不好,就没有明天。

每个人一生才活三万多天,其实就一天,我们没有第二天,我们也没有第二年。把今天的一切做好,把佛道走好,事业做好,家庭做好,心静做好,就会功德无量,这才是我们今生来到世界上的目的,没有白活,没有白来,这叫大愿。这些道理都明白了,那我们就要行动了。什么叫行动?就是我在日常生活中,秒秒分分我都不错过,我都知道我的存在。

大势至菩萨讲:"返观观自心,返闻闻自性。"如果你一天到晚返光普照,看看自己长什么样子,看看你的头部在哪里,看看你的身体还好吗,等等,一直这样,你就会进入清静。你进入清静后,随时随地感觉都不一样了,你就会慢慢、慢慢地了解这个宇宙、自然界等,它们时时刻刻都在给我们演讲佛法。为什么这样说呢?因为它们也在生、老、病、死中度过,与我们是一样的啊。我们年轻时很好看,中年时很强壮,老年时有病了,我们的指甲天天在长,我们的头发逐渐变白,这无言的表达就是真理,它们都在默默地告诉我们人生的真谛,我们为什么不去觉悟真谛呢?这些才是真理,这些才是佛法。所以不要浪费时间了,如果我们每天去佛经上搬佛法,你永远也找不到佛法,我们要去自然中觉悟。

什么叫修行?明理即修道,不明理修何道。明白道理即是修道。不是说让你们先把道理弄明白了,再去修行,那叫背道而驰,还是不明白。如果我讲的佛法,你天天听天天听,慢慢明白了,那你就等于修上了。明白即是修,不要认为明白以后故意找个方法再去修，这说明你没有懂佛法。真正懂佛法了，就知道明理即修道，不明理修何道，这句话很重要。我们今天明白了，今天就走上了佛道。

佛教是理事不二，理就是会说，事就是会做。不管别人怎么说，该做的事我就去做，拥有一颗正知正见、正光明、正道义的心，走我自己的路。如果你自己的心定不下来，总听别人的，永远是一事无成，这叫没有相信自己，没有找到自己，没有觉悟自己，自己立不住真正的目标。

所以学佛要拿根本，也就是明白道理，拿不住根本永远是门外汉。其实这个道理就是"返观观自心，返闻闻自性"。我们要明白自己的身体，明白自己的自性，明白自己身体的一切都在生老病死中度过每一刻。

比如我们的五脏六腑，我们吃五谷杂粮会生病，我们的五脏六腑可以说就是风雨雷电啊，我们自己就是一个宇宙，渴了，饿了，热了，冷了，难过了，好过了，其实就代表一个宇宙的变化，把自己悟透了，才能去悟解外面的东西。如果你把自己悟透了，那么对外面的东西自然就都明白了。为什么呢？因为它们都是一吾，它们都是丝连的，虽然我们和外面的东西是分开的，但心是相印的，我们的心和宇宙的心、每一物的心，都是穿透的。打个比方：房子在这里盖着，你也看到这间房子了，但是在你心里它不是个空间吗？所以要去动脑筋思考。

"本来无一物，何处惹尘埃"，这就是讲心是清静的，心是没有牵挂的，它是一片华光，在心目中，一物都不存在，只有我的存在。但这还是个比喻，只有我的存在，不是只有我，外面没有东西，不是这样的。我讲这个本来无一物，只有我的存在，这是道话，当你们修行到无相的时候，就会知道这句话的含义了。

如果你听懂了，走上了，从有妄想走上没有妄想，从没有妄想再找到妄想，这才是菩萨。为什么要从有妄想到断妄想？为什么断掉妄想还要找妄想呢？这是因为，佛法就是重复，佛法就是来来去去，最后才能不来不去，不生不灭，才能产生又生又灭，又不生又不灭的境界。

我们不管用哪一法门，修哪一法门，只要把我们修成正觉，它就都是对的。我们修禅宗不要说净土不好，我们修净土不要说密宗不好。为什么？因为不管是哪一个宗派，它都是释迦牟尼佛讲的经,就像盖这个法堂一样,不是一根柱子就能把它撑起来的,而是多根柱子撑起来的。所以呢,佛说一切法,对治一切心,由于众生的心都不可能一样,有人愿意念佛,有人愿意诵经,有人愿意持咒,有人愿意坐禅,佛的一切法门都是对治一切的心印,这是小的原则。

大的原则说的是什么意思呢?佛在雪山苦行六年,在这个修行的过程中,他每一天讲出去的佛经,就是他每一天觉悟的人生真谛。他不是给我们讲的,他是给他自己讲他的认识、他的修行、他的认可,其实在他讲经的时候,都是通过宇宙在讲的。

我给你们讲经说法的时候,其实我也没给你们讲,我是在翻动自己的智慧和脑海。你们若能听懂,就是在给你们讲;你们若听不懂我的佛法,就是没给你们讲。如果有一天你们明白了,那我还是给你们讲的,当然也是给我自己讲的。我能讲出来,就是我能做出来,就是我修出来的,三心相印,菩提存在,如果三心不相印,那就没有菩提果位。

所以佛讲经四十九年，说法三百余回，他不是给我们讲的，他是给自己验证的。他修行到那一步，他就能讲出那一部经典。今天讲的这部经，起名《妙法莲华经》，明天又讲了一部经，起名《楞严经》，第三天又讲《金刚经》……为什么一辈子讲的经不一样呢？这就是说佛在修行的过程中，今天经过的路程与明天、后天经过的路程不一样。

释迦牟尼佛在雪山苦行六年以后，从雪山出来，没有成道，没有觉悟，所以他自己发了一个大愿，他说：若我这一次再不成道的话，我绝不起此座。当时他在菩提树下打坐，一坐四十九天，在那里坐着的时候，鹊鸟在头上垒窝他不知道，地下的茅草从脚心穿透，他还不知道，在第四十九天他终于觉悟了，突然间他看到天上的星星发亮，便感叹道：奇哉！大地众生皆有如来的智慧，之所以众生没有发现，就是因为欲望、执著、贪瞋痴没有得到戒定慧。所以如果我们能好好地修行，那么人人都是如来，我们不能小瞧自己，要让自己顶天立地，战胜自己，觉悟自己，若能这样，我们就是未来的佛陀。

释迦牟尼佛所指的天上的星星发亮，是指自己开悟了，找到自我，见到自我的佛陀，他手指天上的星星是打了一个比喻，我们不要当真，佛陀修行的过程中，哪里有天呢？哪里有星星呢？日月星辰、宇宙万物都在心里，所以很多学佛的人都误解了这句话。

佛陀降生到人间的时候说："天上天下唯我独尊。"这句话被很多弟子认为：只有释迦牟尼佛才能独尊，我们不能独尊。其实不是这样的，我们要去明白道理。他讲的"我"，不是单纯地指释迦牟尼佛自己，而是说每一个人都有一个"我"的存在。天上天下唯我独尊就是说：看到自我了，找到自我了，觉悟自我了，就明白自我了。能把自己弄明白了，对花草树木也就明白了，对万物也明白了，对世界的一切都明白了，对宇宙也明白了，这个就是天上天下唯我独尊。

独尊的意思是什么呢？就是说，一个人明白道理以后，在你心中便没有这个万物的存在，只有心。心在哪里？在你活着的时候，离不开你的身体；在你死掉的时候，进入如如不动的境界。举个例子：我在这里给你们讲经，身体在这里坐着，但我会了解万物的存在，我会听到外面的声音，不管是天南地北，我可以同时听到很远很远的很多声音，我会辨明在哪个方位。这是为什么呢？这就是我的心清静了。如果你的心清静了，哪一个方位都会和你和合沟通，没有分开那一说，分开的都是我们的身体、物质，我们的心永远分不开。就像你们见我第一面时的感觉，就觉得好像在哪里见过这个师父。为什么？这就是不管是众生也好，万物也好，我的心看他们都和我是一体的，我有慈悲心，以大慈大悲的心态，去跟它们和合，与他们永远没有摩擦，永远没有纷争，只有一个"缘"字。

佛法讲的就是缘分，离开缘分便没有佛法。要相信缘分，什么叫缘？如果我今天修成了，我坐在这儿不动，我跟宇宙都有缘，每一个物都是和我为一体的。我讲经时，山河、大地、花草树木可能都听到这个声音了，因为我的心一直是和它们沟通的，这是什么？这是"如如不动"。如果只是"不动"两个字，是错误的，如果只是"如如"两个字，那还是错误的，必须得四个字——"如如不动"。"如如"两个字，是动的意思，再加两个字"不动"，"如如不动"这就对了。

在你们没有明白道理之前，我给你们讲得再多，你们也不要去用功修行，记住我的话。不要认为：那不是浪费时间吗？人生很短暂，就这么几十年，我要去好好地修行。这是错误的，因为你没有明白道理。在道理没有明白之前，不要故意打坐啊，念佛啊，诵经啊，一定要停下来。把心里的障碍放下，把身上的包袱卸下来，一百斤重的东西放下九十九斤，只剩下一斤提着它，那是什么？只有一颗心。

修行首先要排除障碍，你若故意念佛就是你的障碍，你若故意诵经也就是你的障碍。直到你道理听多了，书看多了，明白自然了，了解自身了，这个时候再去念佛，再去诵经，用功修道才有功效。诵经要明白它每个字的意思，如果这些字的意思你明白了，你诵一遍是一遍的功效，因为你理解它啊，你一念心里就明白了。如果你不明白这个经的意思，你念一百遍也没有意义。

《金刚经》说："一切有为法，如梦幻泡影，如露亦如电，应作如是观。"你要了解这一句话的意思。比如，"如露亦如电"就是说，这一秒钟下一秒钟"哗哗哗"地流逝，这一天的时间就过去了，今天没有珍惜住自己，像电一样地过去了,我们的秒分不就这么快吗?"应作如是观","应作"是什么意思呢?就是心定下来,"如是观"是什么意思呢?就是用"如如"的心情去了解,去观察,观察自然,明白道理。所以你明白了《金刚经》的含义后,再诵经,诵一遍是一遍的功效。

《心经》上讲,"观自在菩萨","观"是观察一切,观察我从何而生,向何而死,不是说我从小从何生来的,我老了向何而死。听经要听细节,贵在细节!明白每一秒每一分,明白每一种物质,观察众生的生老病死。

你们现在在听我讲经,你们想想你们在听的这个念头是从哪儿发生的,如果我不讲了,你们再动别的念头它又会到哪里去,这都是生老病死啊!并不是单纯地讲我们身体的年轻啊、老啊、有病啊、死啊,这些才算生老病死。一天之内我们会过多少次生老病死啊!这是观察一切。生命秒分在生老,时时在病死,时时刻刻在生老病死的路上走着。

所以学佛要学细节,观察透了,才能恍然大悟,噢!"观自"讲的就是自己,时时刻刻知道自己的存在,没有第二个念头在动。自己还在，宇宙还在，万物还在，时时刻刻我都在，我都知道它，一分钟都不错过它，这才谈起"观自在"。

"观自在菩萨"，为什么后面又添两个字呢？观注自己时时刻刻在的，就是菩萨。有很多学佛的弟子不懂，以为"观自在"就是观世音菩萨。"观自在菩萨行深般若波罗蜜"，心观注自己了，时时刻刻在了，进入菩萨的境界后就要行动，就要修行。行动久了，深入经藏了，智慧如海了，越深越明白虚空中的一切佛理，越深越了解诸佛菩萨和圣人讲的经典，行动深入且长久了，就会产生"般若"。

"般若"是什么？般若就是我们的自性，我们的法身，我们的灵魂，也可以说，般若是我们的呼吸，我们的讲话，我们的渴饿热冷，我们的自然功能，这些都是般若。

最后是"波罗蜜"，"波罗蜜"是什么意思呢？就是有大智慧了，了解自我了，知道宇宙了，能讲经说法度人了，能与花草树木讲经了，能与死者的灵魂讲经了，这才叫"波罗蜜"。"波罗蜜"的意思有很多很多，不管是大菩萨也好，小菩萨也好，阿罗汉也好，天神也好，鬼也好，人也好，人间的也好，地狱里的也好，都明白了，知道了万物都跟我是同为一体存在的，这就进入了"般若波罗密"的境界。弄明白了"观自在菩萨行深般若波罗蜜"这一句话后，你就可以修行了。

"观自在菩萨行深般若波罗蜜，多时照见五蕴皆空"，"多"就是久的意思，"多"也是万物存在的意思，也是指时间，今天修一个小时明白了，明天修两个小时明白了，后天修十个小时明白了，日久天长地积累，慢慢地高楼不就起来了？"照"是观照的意思，"返观观自心，返闻闻自性"，好像我们是一个太阳似的，照耀大千世界、宇宙、人生、自我，都明白了，"多时照见"，就是看见了，看见了你就会了解了，明白了。了解它也好，明白它也好，但是不要说它！为什么呢？因为"知道一切法，不作分别想"，"知道一切法"是智，"不作分别想"是慧，这叫智慧。这个"照见"的意思呢？就是说，虽然你能明白这些道理，但你不要追求它究竟是什么。因为佛法是圆融无碍的。

"多时照见五蕴皆空"，就是说地水火风包括我们的自性都是虚空，我们的皮骨肉是地大，我们的血液在流动是水大，我们的热量是火大，我们的走动是风大。地水火风四大组合产生了一个肉体，与遍满虚空中的灵魂这第五大因缘和合，从而产生了一个人。虽然是男精母血和合产生了我，父母给了我身体，但是如果今生这对父母不给我这个身体，其他缘分也会给我一个身体，因为不是父母来到之后才有我的。父母没生我们之前我们在哪里呢？其实我们的存在是永恒的，这个天真的自性是永恒的，它永远不会生，不会老，不会病，不会死，是肉体在生老病死，是地水火风在变化、在衰老、在垂死，我们的自性没有死。

禅宗有一句话："生则决定生，去则实不去。"这是什么意思？死是我们的肉体死了，我们的自性永远在生生灭灭，它永远会转生。你有肉体它就会转生，没有肉体它就在虚空中，虚空遍满我们的灵魂，这叫"照见五蕴皆空"，了解了这个实相，了解了这个空相，实相、空相、空实不二就是"照见五蕴皆空"，你明白这几句话了，道理就懂了，就能"度一切苦厄"。

什么是"度一切苦厄"呢？度自性的苦厄，自我的苦厄。自性众生誓愿度，自性法门誓愿学，自性佛道誓愿成。

在自己没有明白之前，你到处度众生，那就是狂慧。为什么？因为你自己是泥菩萨过河，自身难保啊。只有把自己自性的众生度尽了，才叫"度一切苦厄"。所以在修行过程中，"度一切苦厄"就是度自性的众生。先度己，后度人。要是做事的话，你可以先考虑别人，让别人先做好，或者先帮助他人做好，再做自己的事，这叫做人。

讲到这里，咱们再讲地藏王菩萨，地藏王菩萨说过一句话："众生不尽，誓不成佛，我来到世间就是发大愿度尽众生。"地藏王菩萨说了：我是度我自性的众生，我是度我自己而成佛的。不要理解为：地狱里有一个鬼不成佛，他就不成佛。不是这样的。发大愿成就自己觉悟佛陀，就等于度一切。我们能度自性的话，就了解了这一切，就是他们都得度了。

比如一杯水，它不只是水，"佛观一钵水，八万四千虫，若不持此咒，如食众生肉"。这一杯水里就有八万四千条虫，你说它没有灵魂吗？有。它跟我们是一样的，只是它没有言语的表达能力，我们若不修行，喝一杯水就有八万四千条虫子，我们就罪过深重了。

所以我为什么不给你们讲戒律也不讲规矩呢？如果你们一开始认识我，我就讲戒律讲规矩，你今天研究戒律，明天研究规矩，就把你的心捆住不敢动了，所以要首先弄明白道理。等有一天你修行修明白了，你自然就守住戒律了；如果你没有修成正觉，就去守这个戒律，可以说你是故意去守的，没有任何意义。

不杀生可能吗？不吃肉可能吗？什么叫不杀生？一杯水就有八万四千条虫，你不杀生吗？我们吃的菜里有多少虫？有多少众生？那都等于吃肉啊！所以戒律无法去追求它，大的原则我们不犯，小的原则我们不管它，就走自己的路，这才是修行。释迦牟尼佛不是说过一句话吗？"若人千劫学佛的威仪，万劫学佛的细心，此人不得成佛。"那只是佛的自然表现，你要去故意学他那样，还有意义吗？我们要去学佛的心理，学佛的觉悟，跟他学自心的灵魂的觉悟，才能认识人生的自然，这才叫"度一切苦厄，舍利子"。

进入度一切苦厄中，度一切苦厄了，自己成就了，你自身就会产生舍利子，这都是你自心平静造出来的功德，它自然就长出舍利子。长舍利子只是一个表示的方法，没有舍利也一样成就啊，这是打个比喻来说舍利子。佛经上又说了："舍利子是诸法空相。"为什么叫"舍利子是诸法空相"呢？就是说舍利子虽然是有，是一个东西，但它又是诸法空相，它可以遍满世间，遍满大千世界，虽然它是个有，但它又是空，进入诸法空相，才是我们最终觉悟的人生真理。

动静大道

佛法没有高低，没有上下，没有前后，没有左右，没有东西南北，佛法是一种圆融无碍，大慈大悲。在我们心中了解了佛法的大慈大悲后，无路可走的时候，就是路。所以禅理是非常高深的，我们要去慢慢地明白。如果你要故意找一条路去修行，佛法没有路，此路不是路。

如果你走路走很久很久了，非常非常累，坐在那里休息的时候，一下子感觉太平静了，太享受了，这才是真正的路！这就是说有付出就有收获，因为你们走路了，走路就是一种修行，走路不走了休息的时候才是菩提。

你走的时候肯定很劳累啊，就像我们念佛一样，阿弥陀佛，阿弥陀佛，阿弥陀佛，虽然念得清楚，听得清楚，有效吗？有。但是如果当时我们的心一直在追求这几个字的功效，那是没有效果的；我们念半个小时停下来，停下来静坐，停一停，静一静，这个功效才有。

如果我们一天到晚就知道念佛，不知道停下来，反而背道而驰，没有功效，这是不会修行。就和我们吃饭是一样的，我们如果一天到晚地吃会撑死的，如果不吃就会饿死。如果我们一直念阿弥陀佛，就是没有明白它的道理，浪费了我们的精气神儿，浪费了我们的时间，也许还会走火入魔。为什么？因为你太执著了，太有偏见了，你太想去成佛了。能成佛吗？不能，所以要了解念佛。

什么叫念佛？念是不间断的意思，佛是自我。我的身体是诸佛的母亲，没有我的身体，就没有诸佛。为什么这样讲呢？因为我们修佛是修我们自身的，我的佛要从我的身上修出来，外面的佛再好我也不要，就是现在在这里"哗——"现出一尊佛，我也不理它。它总是它的，不是我们的，我们要的是我们的真佛。

什么叫真佛？你能平静五分钟，十分钟，半个小时，或者一个小时，好了，真佛出现了。释迦牟尼佛说："若人静坐一须臾，胜造恒沙七宝塔。"须臾间的时间是半个小时，这半个小时的功德比造无数个七宝塔的功德都大。为什么？因为七宝塔会慢慢坏的，你的自性找到了，它是永远不会坏的，金刚体，舍利子，这些都是表法的。

你们若做半个小时的善事，那一点善事跟这半个小时的功德根本没法比。但是我们该做善事仍做善事，比如修庙啊，铺路啊，修行啊，最大的善事就是成道。成道太可贵了，因为我们只有今生，没有来生，为什么这样讲呢？我们今生就没找到自我，即使有来生，我们也找不到它，你今生就失去方向了，还谈来生有意义吗？

我从不谈来生，只相信今生，觉悟今生，解脱今生。今生一定要修成它，不要拖泥带水，不要今天没好好修，佛号没有念够，明天我接着念，这种人永远不成佛。因为首先他没有了解什么是念佛，其次他固定念佛的数量，念不到心里难受，这还是个错误。

在修行的过程中，永远不要去固定念多少佛，也不要固定拜多少佛，也不要固定诵多少经。在我指导下的修行，永远是不断地更换题目，这个时辰念佛，那个时辰走路；那个时辰走路，这个时辰办公。你们在一天的时间里不管做什么，一定要知道你自己时时刻刻"在"，这就是念佛。有的人为了专一，一心去念阿弥陀佛，如果一直想外面的阿弥陀佛，那就是走错路了。

念佛的道理就是专一，修行就是专一，比如：屋里的地板脏了，要用毛巾擦一下，地板干净了，你就要把毛巾扔掉，毛巾不扔掉的话，在你手里永远都是一种障碍啊，地板再脏了我再拿毛巾去擦。也就是说，我们心里有妄想的时候我念佛，把妄想杀掉；如果没有妄想了，我也就不念佛了。没有妄想的时候你再念佛，念佛也成了妄想啊！所以就这么简单的道理，却没有几个居士知道。

好多人都说："噢，我就念阿弥陀佛，谁说什么我都不相信。"你说愚昧不愚昧，迷到阿弥陀佛上了。阿弥陀佛是四个字，不是只要你念阿弥陀佛，阿弥陀佛就会听到，就会加持你保佑你，不是那样的，你们要去明白它。

讲实话没有几个人相信，你骗他他才高兴："噢，你念上一个月阿弥陀佛佛就会保佑你，会显身让你看看，会有什么感应，会用做梦点化你。"我们不要这些，这些都是外道。如果我们有了这些，一定要扔掉它，不然的话会害我们的法身慧命。这些有没有呢？有。只要我们的心去追求它，什么都有，一切唯心造嘛，你心里想有什么就有什么，你一心想这个观音菩萨，想久了，他就会像一个人一样站在你的面前，但是第二个人看不到，只有你看到。为什么？因为那是你心里想的。

我们一定要达到心无挂碍。在心无挂碍的时候，什么都不想的时候，就是那颗心。这是什么意思？这叫一念不生。"一念不生般若生"，般若就是智慧，般若就是自性，般若就是法身，般若也是慧命，达到"一念不生般若生"的时候，就是菩萨。

你们还要记住：在你"一念不生般若生"的时候，是清静的时候，是没有妄想的时候，那个时候就是般若，那个时候就是极乐，那个时候就是菩萨，就是智慧。也有很多居士说："一念不生的时候，再去找一个般若。"这个又是背道而驰，所以听经要听明白。如果没有妄想，清静的时候你想再去找一个东西，这就走错路了。在我平静的时候，这个时候就是极乐，我不再去故意念佛，我也不再去故意想事，这是修行的初步。

千山相印

佛教真正的修行就是大慈大悲,能容纳别人,能容纳自己,我们看每一个人都是亲人,我们看每一棵植物都是一体,假如你能看着一棵树和你是一体,你说这是什么心情?这就是慈悲。为什么它能和你一体呢?因为它也有灵性,它也能解脱生死,本来我们都是一体的嘛。所以明白了这个道理,走上了,才能叫做"明心见性"。

明白了道理但不能简单地说:明心见性了,我就见性成佛了,可以成佛了。不是这样的。"明"是明什么?明白一切,即是说,明白生老病死,我们是从何而生,怎么衰老的,怎么生病的,怎么死亡的。佛谈的就是生老病死啊!

"明心见性"四个字谁都知道,要去明白并了解"明、心、见、性"每一个字的细节内涵,你才是走上了。你要是只知道自己"明心见性"见实相了,但是你说不出来,你自己没走上,就是外道。如果你只会说,不会做,没走上,这叫狂慧;只会讲不会做,是直解;只会做不会讲,是外道。我们要说到做到,做到说到。如果你有丝毫的考虑不到,就有丝毫的不解脱,极乐世界你便去不到。极乐世界能去到,就是无处不在的微尘你都考虑到了,这才是如来。如来是无处不在的嘛。释迦牟尼佛就是一天到晚千百亿个化身的释迦牟尼,一天到晚可以说每秒钟有几亿个念头、几亿个妄想,几亿个自性灵魂的生存,他们同时都是一体的,所以同时他都可以施行他的慈悲。

一定要明白这些道理,有一种悲心就有一种孤独,能达到悲心就有孤独。为什么呢?因为你心里慈悲了,慈悲就有孤独的境界,孤独的境界里面就含着东西,是什么呢?是圆融。如果你能有孤独,就有我的存在。没有山河大地了,没有太虚宇宙了,没有花草树木了,就有我的孤独在这儿了。但是,在孤独的过程中,因为看宇宙没宇宙,看事物没事物,听声音无声音,就像达摩大师说的:"看那看不到的东西,听那听不到的声音,知那不知道的我的存在。"所以你们要去体会、要去理解。

为什么"知那不知道的我的存在"呢？即是说我还是在的，永远有个我在。如果没有我在，我们就不能解脱生死，我都没有了，还上哪里去呢？在这些孤独存在的时候，在孤独的境界中感到很孤单，但是知道我存在，知道我和它一体，这就是大的修行、大的慈悲。先度化自己，把自己度过来了，明白了，三个月后就不是这样的境界了，你可能就与自然一体了。如果你真正达到和自然和合在一体的时候，那么坐着也好，站着也好，内心都是一种平静无畏。

平静无畏是什么？平静无畏就是道业。道业找到了，才叫明白了，明白了才能看到自心，自心存在了，自我就来到了。心里明白了才能看见，不单是看见你的五脏六腑，不单是看见你的皮骨肉，因为我们的身体就是四大因素和合于我的嘛，把这些都看透了，你就是一个宇宙。没有第二个宇宙，每一个物质就是一个宇宙的存在。我们的渴饿热冷，我们的生老病死，我们的五脏六腑就是风雨雷电，没有第二样东西。把自己认透，找到自我的宇宙，明白了，佛法就觉悟了，这就叫"明心见性"。

为什么谈到"见性成佛"呢？不"明心见性"哪有"见性成佛"呢？如果"明心见性"了，才能明白"见性成佛"，但不代表了生死，这需要时间的过程，需要耐心地修养，需要长时间的保任，才能得到真正的"见性成佛"。

看见自性了，那你就要跟自性来玩了，不再是你以前的身体和欲望了，现在不管有多少妄想，做什么事情，这都是"见性成佛"的路，也就是天真可爱的自性的玩耍。了解了它，就跟你的自性天天在玩，玩久了，这叫"见性成佛"。

"成"是怎么样地成佛？"明心见性"以后就是初步的成佛，就是拿住根本了；拿住根本了，我们就去找后得。其实说白了呢，不要故意去找后得。我讲话你们要记住一句话：我都是给你们打的比喻。拿住根本即是后得，为什么这样说呢？拿住根本智，后得智就在它里面。就像我们吃水果一样，我拿住这个水果就是根本，我咬一口知道里面是甜的，以后的还是那么甜，慢慢地吃它，等待它。怎么等待？这就看你自个儿了！师父只有给你们打比喻。比喻虽然是假的,但是它很管用,没有这种比喻,没有这种形容,你就不知道从何下手去走路。

佛法本来没有路,此路即是路。这句话你们要听好,为什么这样讲呢?你要故意找一条路,便没有路。佛本身是无,清静则有。你说,我就努力去找佛,我要成佛,那么你就迷到佛上了,但最后迷到的那个佛不是佛。我们一定要修我,找到自我,解脱自我,修我成就了才是真正的我。

如果我们要故意去找一条路,上哪里找路呢?由于修行是一种黑暗和空洞的境界,本来无路,大千世界都是路。悟到了我的存在,大千世界的路慢慢就是一种圆融无碍的大道,把你的心就修大了。但是心再大,哪怕宇宙遍满的都是你,你也要知道:这一切都是从我自身发出的,自身找到了,但这不代表就彻底成佛了,这都是修佛的路上在保任,贵在保任嘛。

保任是什么?就是如智如呆,丝丝连连,绵绵续续,非有非无的境界。虽然是一种这样的境界,但是我不能把时间白空过了,如果把时间白空过了,那就等于把时间浪费了。举个例子:你在工作,如果干了四五个小时停下来了，你感觉着是一个时间过来的，时间才没有错过。这叫什么？这叫念佛三昧，这叫禅定，这叫功夫，成片了，浑然一体了。成片了，从来没有分开那一说，也没有和合那一说。

佛法永远是前后也不对，东西也不对，左右还不对。佛法本来没有对和错，对和错是我们心里的分别，如果你要追求一个对和错，永远没有。但世间做人可不能没有对和错，世间做人肯定要以慈悲之心对待人，自己把好的让给别人。比如吃西瓜吧，我们先去吃那些边角的、不甜的，把好的让给别人，这就是慈悲。我们吃饭的时候，看饭少了，我们少吃一些，剩下的让给别人吃，这也是慈悲。如果没有慈悲心，不能体谅大家，大家也不会体谅你。永远是和合才有团结，团结才有力量。

所以大家可以经常互相探讨佛法，不要说这是抬杠，其实哪有对错呢？不要说：你修你的，我不理你，我也不搭你的腔。这是错误的，你可以讲你的修行过程，让他体会体会；他的修行过程也可以讲给你听，让你体会体会。不管是讲经也好，辩证也好，说不定其中哪一句就对你有启发，说不定哪一句就能拨挑开悟。只有这样，大众修行才能了解圆融无碍。

佛是永恒的。佛是悟出了今天、明天、后天，今年、明年、后年，三十年也好，五十年也好，是一天过来的日子，这才能成就功夫成片，五年十年如一日，才能澄出我们的涵养和道业。如果说我们两个月三个月，两年三年成就了，不可能的，世界上没有这样成就的佛。修行需要永恒，什么叫永恒？你能拿住五年至十年如一日，就是永恒。为什么？你要是达到五年、十年的功夫，那以后的时间不就都好修了吗？道理就是这样。

如果你们修行有不明白的时候，有哪一点不理解，师父可以给你拨挑一下，但是因为要对治自心，主体还得是你，不能把师父所说的彻底都运用上，我所讲的这一切的一切都是我所明白的道理，如果有一天你彻底明白了，与诸佛相印了，跟三世诸佛都是一样的心情去明白宇宙了，那你就是诸佛。如果今天我给你们讲的，你听懂了，你做到了，秒分没有错过，你就可以说是一尊菩萨。虽然说每尊菩萨自身觉悟得不一样，但到最后都是一样的，因为没有第二条路，只有一条路。

　　修行慢慢来，不要着急。在日常生活中你要记住：不要太故意去克制自己想一件事、做一件事。初步修行必须要自然地走上，如果你初步的时候走不上，那么你后面的也来不到。如果你初步的时候害住它了，后面来的就不会圆满。

　　修行是什么？修行就是明心见性的初步。就像那竹子一样，出来的竹子这么粗，一直到上面还这么粗，对不对？为什么是这样呢？这就是说，我们修行认识了我们的根本智，初步的时候只要你别害住它，到最后就是这个级别和档次。你初步时觉悟的是阿罗汉，你最后就是阿罗汉；你初步时觉悟的是菩萨，你最后就是菩萨。为什么？贵在初步啊。如果你在中途害住这个初步了，它就要降级了，拔苗助长，你把自己害了。所以在修行过程中要注意两个字：保任。贵在保任！

　　要常更换题目，常思维，如果你会停顿，你就有执著，有执著就会障道，障道了就不能解脱。所以这一分钟我关注这个花草，那一分钟我就要考虑这个房子。要把你的自性拉活,把你的"真空妙有"悟透。

什么叫"真空妙有"?真实找到了,悟出来的是空洞的境界,境界都玄出了东西,妙有才都出来了。虽然是个"有",但是又是"空",这种"有"都是从"空"中过来的,如果你觉悟不了空洞的境界,还谈什么修行?修行知空是无量。知道佛法是空的了,知道自身和修行能达到空洞的境界了,功德无量。为什么?知道空是初步。从空中能找到东西,这才是和合。理事不二,有事有理,理是空的,事是有的啊。我们能从理上找到事,事上说出理,就是遍满了虚空、众法界。遍满虚空、众法界的,都是佛法,都是存在,找到自我了,你天天行走坐卧都是如智如呆,好像走在虚空的境界里,这就是进入初步的菩萨境界,走上了佛道。

你们要记住:修行不要追求时间。时间只是我们自己心里了解的一个概念,在佛、菩萨心里没有时间,没有黑夜,没有白天,也没有空间,没有实在。这是为什么?因为在他心里它们都是永恒的。我们不要去追求一年两年三年五年我得成佛啊,我不能浪费这个时间,不能放弃这种目标啊，你越不想浪费其实越是浪费！你们可以去思考，有追求就有苦，有苦就永远不能解脱。

所以在修行这个路上，不要追求，要自然而去，但是自然不能放逸，放逸中得有珍惜。放下了我得珍惜，珍惜了我得放下。这叫什么？这叫更换题目。为什么放下了去珍惜呢？放下的那个才是值得珍惜的，这叫"一念不生般若生"。放下才能产生一念不生。但不要去强制或克制自己故意去珍惜它，如果你强制自己故意去珍惜它，就又害住菩提了。

为什么说"菩提本无树，明镜亦非台"呢？菩提是无路的，虽然是一明镜，但是又是一非台，非有非无嘛，你若非说有个台子，这一非台出来在这里，你会上当的。看到你的明镜了，心里不理它，你越不理它，这个明镜越在这里；如果你越理它，明镜就越不存在。"菩提本无树，明镜亦非台，本来无一物，何处惹尘埃"，如果你心里染不上尘埃了，你就进入菩萨的果位了。看啥没有啥，但是又有啥，有啥不要啥，中途解脱啥。这才是菩萨。专去找路没有路，不去找路即此路。你们要照这样去修行就可以了。

随缘度众

如果一个人说自己已经成佛了,这不是正道,他有多大的神通都不要跟他学习。能说别人不好的人,首先是他自己不好,佛永远都不讲是非的,在菩萨的眼中,一切人都是菩萨。如果学佛学得认为谁都不如你,那其实就是你不行。这是佛理!

作为一个学佛的人来说,我们不讲是非,不搞斗争,去和谐内心,才能得到平静。如果你看谁都不顺眼,见谁都不满意,你会比谁都难过,给自己带来痛苦,所以我们不要这个。每个人有每个人的命运,别人造业,我们不管,业造满了,那自然就有果报了。我们走我们的路,佛是教人向善的,人人平等,用德性感化人,用口头教育人,如果感化不回来,教育不过来,那就算了。为什么?因为你尽心了。如果你天天说别人不好，等于你也不好了。为什么？你老说别人就是你不好，不是有一句古话吗？常说是非者，便是是非人。不看别人的坏样子，只学别人的长处，这才是菩萨。

我们修行，念佛也好，诵经也好，其实最根本的是先做人。把人格修好了才配学佛，人格修不好不配学佛。佛是一个讲规矩讲戒律的人，如果没有规矩和戒律，永远没有道业。佛做到了什么呢？做到了戒定慧。有戒才能产生我们心的定意，有慧才能分辨谁对谁错。所以我们要有正知正见，要用时间来证明一个人，去了解他，再去跟他学习，再去听他的道理。如果他一时说：我很了不起，我让你怎么你就怎么，你听我的就没错。这个人你们不要相信他，为什么？这只是他个人谋利益的手段罢了。这种人要远离他，不离开他的话迟早要出事，因为他是不正常的，他修不正常了，他身上就有一种不正常的磁场，你要是跟他接触时间长了就会被污染，慢慢你就迷失方向回不来了，所以要远离狂人。

佛、菩萨就是感化人的，为什么两千多年来我们都去供养释迦牟尼佛呢？就是这个道理。真正的佛就是清静、平等、无畏，觉悟世间的真理，把自己觉悟的真理做出来了，说出来了，感化世间，教化众生。诸佛没有神通，没有感应。如果说有神通、有感应，这就不是佛菩萨，这只是一种雕虫小技。真正的大神通就是我们了解了自我，战胜了自我，了解了自我的五脏六腑，了解了我们自己的宇宙，了解了遍满的虚空都是如来了。你把世间都看透了，都了解了，走上了，这才是真正的神通。

佛是无处不在的，娑婆世界没有一巴掌不是我如来所住的地方，还用去了解其他的吗？不需要了，那些都在佛的心里。所以我们学佛要学得明白，千万不能迷，学佛就是觉悟自己，我们把世间的道理都明白了，做人做得大家也觉得可以，十个人中有八个人认为你这个人做得好，那两个人说你坏，也等于你做得好。为什么？因为说你坏的人可能是排斥你。世间做人不就这样吗，你要过得好了，别人就嫉妒你；你要过得不好，别人就瞧不起你。为什么？因为这是众生，因为有欲望，谁都想比别人跨前一步，就是这个道理。所以我们把这些道理弄明白了，你就不累了，顺其自然地做事，你就会成功。

学佛好不好？非常好。有没有菩萨保佑我们？有。但是我们要找到正知正见，我们不能有邪知邪见。

虽然说佛法没有对和错，但是只有当我们真正修到菩萨的境界时，才敢说这句话；如果没有达到这个境界的话，我们这样说就有点早。观音菩萨说过一句话：菩萨怕因不怕果，凡夫畏果不畏因。所以我们说话一定要注意。佛门就是讲因果的，种了因就要结果，如果有果报，事情来了，面对它，不怕它，受过了，我们不再造业就好了。佛门有句话："随缘消旧业，莫再造新殃。"学佛就是随缘，把这个业障消过去了，我们不要再造新的错误，如果再造新的错误，那个业障就永远消不掉。所以得到这一种认识了，明白了，我们就懂得人生的真谛了。

如果我们有神通，我们也不排除它，它来了我接受。我们一不欢喜它，二不排斥它。如果你心里老是排斥它：怎么老有菩萨出现在我面前？这样排斥它是不对的；如果你欢喜它，也不对，因为如果你起欢喜心，这个菩萨就要现到你的面前，让你看到，你看到以后就相信他，去追求

随缘度众

他，之后你就迷失方向了。所以最好的方式是不理它，自己该做什么就做什么。

　　印光大师说：看一切人都是菩萨，唯我一个人是凡夫。如果某菩萨眼里看别人是凡夫，证明他也不是菩萨。我们活着应该做事，有事做，不空过，我们活得不无聊，有意义，有价值，来到这世上一生没有白来，这才值得做人，到最后不后悔，死于安乐。事情做好了就是学佛，人格修好了，心灵清静平和了，没有妄想了，那就是西方极乐世界，就是净土啊！如果一个人自私自利，就不会成道。

　　学佛要有正知正见，不能今天这样明天那样，佛法本无路，此心即是路。我们的心定了，就是大道，我们的心不定，就无路可走。世上本来就没有路，路是人走出来的。你要去追求一条路，那就没有路，一走就错，一定要去学明白它。路是靠我们自己走的，路走好了，那我们就平安有福报了。人生身体健康最重要，平安最重要。没有一个好身体怎么去努力奋斗做事呢？怎么去完成修道的里程呢？所以一定要保重身体，平平安安，我们做人只要问心无愧，把自己的路走好就可以了。

人天师表

虽然佛教是相信自己，觉悟自己，明白自己，自度自己，但无形中菩萨也是无处不在的啊！如果我们有一颗诚心，他就会环绕着我们，一切事情就顺利了，这是一种自然。有一句话说：成大事者不拘小节。我们为了大事业，跟别人说两句软话，这说明我们有涵养、有慈悲，这不代表向人低头，这叫做人。在世间生活，我们不去找事，但是有了事我们也不怕，有事情就去接受它，去努力把它做好。大家认可你了，你的人品修好了，那就是你永恒的德性，这是什么？这是菩萨。

真正学佛的四众弟子，不用天天去念佛啊，诵经啊，难道说我们不念佛、不诵经、不烧香就不是佛的孩子吗？不对的。我们只要有正知正见、问心无愧、人格高尚、慈悲为怀，就是佛的孩子。要是我们天天去念佛，背地里都想去偷人家的东西，还求佛菩萨保佑，别把我们逮住了，这是佛的孩子吗？这不是！佛菩萨不会保佑这样的人的。

要想求佛菩萨保佑，首先得自己保佑自己，一切唯心造。无论你做什么事情，做得再圆滑，也骗不了你自己啊，这叫什么？这就是地狱。因为你骗不住自己的时候，你会难过，到老了会后悔，但是后悔时已没有时间再补这个过了，死掉以后会受果报。

如果你认为：我要成佛成菩萨了，我没有什么因果，我想做坏事就做坏事，我心里没有这个难过、后悔就可以啊。这是不正确的，因为佛和菩萨不做这样的事情。如果佛和菩萨做这样的事情，那么佛教就不会传承到现在，所以我们学佛贵在明白，把道理明白透彻。

我们做人可以一时糊涂，但不能一世糊涂，我们要是一世都糊涂，那就没意义了。一个人做错事是一时的，不是一世的，就像社会上的某些人，他们不可能一世都做坏事，他们做的好事未必比我们做得少，但为什么他们不被人认可呢？就是因为他们一件事做错了，在人们心目中不原谅他们了，认为他们不定做了多少错事了。但其实人心永远是会改变的，一个人一时的错不能被认为是一世的错。

父母亲给我们一个人体来到世间，我们最宝贵的是明白真理，把道理都明白了，活得坦然，做事自然，睡觉安然，你说这是什么？这就是西方极乐世界！极乐世界就是从这里来的。

如果你执著于一天念十万句阿弥陀佛，你活儿也不想干，饭也不想吃，事业也不想做，家也不顾了，就去念佛想成佛了，这是佛的孩子吗？这不是，这叫不负责任，这叫走火入魔。做佛的孩子应该怎么样？有一种圆融无碍、和合、团结的心态，家庭顾好，人格修好，善事做好，佛教的修行做好，这是一体化的。

如果说，我太忙了，我顾不得念佛了，这是不懂佛法的人说的话。你得忙中求闲，忙中即是修行的闲道人啊！比如净土法门都让念阿弥陀佛，谁念阿弥陀佛谁能成佛，不错，这叫种下一个善因，有一天果实会成熟的。比方说两个人患有不同障碍的病，难道说都吃一样的药吗？不可以。所以学佛一定要多思考，去明白道理。

释迦牟尼佛讲经四十九年，说法三百余回，佛说一切法，对治一切心。就是说，众生各有不同，你适合修哪一个法门，你就去修哪一个法门。如果我们千篇一律，都去修一样的法门，能成佛吗？不能成佛。所以学佛贵在明白。念阿弥陀佛佛号真正的意义，是把我们的其他妄想杀死。如果我们没有妄想了，就不用念佛号了，把阿弥陀佛佛号停下来，停下来的时候才是净土，才是极乐世界，才是弥陀出现的时候；如果你不停地念阿弥陀佛，它永远出不来。为什么？因为你把它赶走了，它没有时间出来，你没给它机会啊。念就是一种欲望，断掉欲望才是正觉，这就是我们的学佛。比如诵经，不明经诵何经？首先明白经的道理，然后"哗哗哗"诵一遍，功效自然就有了。

佛经中讲："一切相皆是虚妄，见相非相可见如来。"所以即使是观世音菩萨出现在你的面前，你也不要理他。为什么？如果你理了他，他就会让你迷失方向，走错路；如果你不理他，他自然就会消失。这是什么意思？这叫自我的心魔。在修行的旅途中，没有谁去魔障你，都是自我走错路的。我们了解这个道理了，我们不去追求他，我们就过去这一关了,这就是《楞严经》说的"五十种阴魔"。这里讲一个比喻。举个例子:就像我们在这里坐禅,坐几个小时以后,虚空中"哗——"飞来几个菩萨坐着莲花,"哗——"飞来一个罗汉拄着锡杖或拐杖,这些景象太多了,如果你从中起欢喜心,这就是错误,如果你不起欢喜心,这就是定意。虽然是从外面来的菩萨,却也是你自身的菩萨,是自我在考验自我,如果你一直追求他,你就错了。所以玄奥的道理我们不要,我们走我们平常的大道,即使佛修不成,我们也得明理,我们也得走得平平安安,不要害苦我们自己。

如果有人说神奇的事情,一定要远离他,这样的人都会害我们的。为什么?如果他不是一个有正知正见的菩萨,他要是有神奇的东西,他身上就有一种磁场,这种磁场自然会让你迷失方向,迷失方向以后,你很佩服他,你就要跟他学习,慢慢就把你的脑子灌死了,灌死以后,谁再讲任何道理你都听不进去了,这个我们不要。即使是观世音菩萨说的话,释迦牟尼佛讲的经,我们也只可以作为参考,我们不可以把它们当成唯一救我们法身慧命的钥匙。他们讲的道理可以作参考，但最要紧的还是我们要运用我们自己的智慧去修行，这个才是属于我们的。

如果你只照着经书上去修，以为有菩萨会保佑你，那你迟早会上当的，因为那个不是真的，那是他的，不是你的。如果碰上一个僧人也好，居士也好，白衣也好，他说我能保佑你，我能加持你，你都不要理他。真正的高僧、真正的菩萨，你和他见面这是缘分，他不会说你对我好我就保佑你。其实在菩萨心目中看待我们所有人都是平等的，都是一样的，因为菩萨无心，无心才是道人，在菩萨心目中永远是一种平静的大爱，波浪任你翻，我永远是一种平静，看所有四众弟子都是菩萨的孩子，这才是菩萨。要是单纯地给你说点什么，背地里又说是说非，这都是害你法身慧命的，一定要远离他。他走邪了，我们不排斥他，不恭敬他，也不害怕他，就是不理他。如果你去理他了，心心相印，他就会让你难受。举个例子：社会上那些宣扬自己有神通的人，你找他看一次病后，第二次不去就难受。为什么？因为你相信他，心就与他相印了，他就有本事找你的事，时间久了以后你就佩服他，佩服他你就走错路了。

所以观世音菩萨说过一句话："正如光，魔如风。"风是吹不动光的，不管对方是菩萨也好，凡夫也好，你就是不理他，那么菩萨拿你都没办法。观世音菩萨说：如果你没有妄想，即使在一个地方静坐，我也看不到你；我能看到你的时候，就是看到你有欲望。所以如果没有欲望，菩萨害不了你，但菩萨也救不了你。达到没有欲望的境界是什么呢？就是你和菩萨为一体了。

释迦牟尼佛也说，我没有本事害死一个众生，我也没有本事度上来一个众生。我讲经，一是给我自己讲的；二是我能讲出来的经都是我明白的道理，我说出去是给我自己验证的；三是可以对治大地的众生。你能从佛经上明白道理，你能体悟得跟释迦牟尼佛明白的一样，会讲，又会做，说到做到，做到说到，你就成佛了。如果只会说但做不到是狂慧，如果只会做但不会说是外道。所以学佛要学明白，既能做，又能说，说到做到，理事不二，有理有事，进入二谛，二谛融通，就是菩提义，这才是真正的佛理。

所以我们修行要去明白道理，千万不要像墙头上的草，今天说那儿好，我赶紧去那儿，明天说这儿好，我赶紧到这儿，这种欲望不能有。这就是说遇事我们一定要冷静，冷静了再去处理事情，这样永远不会出大事。遇事不乱即是定，我们得到了定才能把事做好。出事怎么出的？出事就是因为自己的心太着急。所以学佛千万不要着急，不要总觉得自己年纪大了，时间不多了，得赶快学佛觉悟啊。其实现实往往与意念是相反的，越想得到这个东西，这个东西就越得不到，不想了，反而来了，这就是"踏破铁鞋无觅处，得来全不费功夫"。

所以学佛贵在明白。慢慢地学明白了，就与菩萨相印了，我们就走上了佛的道路！

婆心真理

佛法上讲，学佛、做人很不容易，我们今天能得到人体是非常不容易，非常宝贵的。佛说，真正彻底地觉悟了，是诸佛；彻底修上空洞的境界认识自我了，是菩萨；我们知空无量了，进入的是罗汉的境界。按这个根基讲，就是佛第一，菩萨第二，罗汉第三，我们修行明白真正的佛理了，占第四。

我们高于天神。为什么这样讲呢？因为天神还没得到这个人体呢！你说我们今天得到这个人体宝贵不宝贵？非常宝贵。况且我们今天又闻到佛法。什么叫闻呢？大势至菩萨说过一句话："返观观自心，返闻闻自性。"就是我们要闻到我们本来面目的那一位真佛。

我们念佛很虔诚，我们拜佛也很虔诚，但是根据我多年的修行，我认为学佛首先要去明白佛理。如果我们诵经，诵前把经的教义明白了，诵经才有意义。我也曾经苦行过几年，但是呢，苦行几年以后没有得到真正的认识，所以放弃了苦行，之后慢慢地了解了一点点佛法。其实佛教做的就是和谐，和合僧，和合大众，和合万物，这样我们才能得到安静。

我们作为佛的弟子，首先要做到不说是非。好的，我们在心里好好地学习；坏的，我们把它忘记。如果我们慢慢地认识好与坏了，明白了，走上了佛道，这就是佛的孩子。真正做佛的弟子，没有狂言，只是念佛，念佛念到什么程度呢？很多法师都说："念佛要念到一心不乱，念佛要念到三昧的境界，念佛要念到一片华光的境界。"

什么叫一心不乱呢？什么叫兜率意根呢？释迦牟尼佛告诉我们：相信自己，觉悟自己，找到自己，离不开自我。我们今天修，明天修，后天修，要去了解怎么修，怎么才叫念佛。"念"是不间断的意思，"佛"是自我，我身是诸佛之母，离开身体没有诸佛。如果我们天天一心去求佛，想找到佛，这是不可能的。为什么不可能呢？因为我们的心有追求，有追求佛就显不了身，我们就看不到他。为什么这样讲呢？佛又说了："佛本身是无，清静则有。"我们念佛为了什么？为了修行，为了清静，为了解脱，为了往生极乐世界。

我在一次讲经的时候，有一位慈悲的老太太，她说：请问大师，我刚刚皈依佛门，他们都说一心念佛的话，很快就可以往生极乐世界，是这样吗？我说，这话也很正确，但是达到一心念佛的人并不多。我们就说在这个佛堂里的人吧，念阿弥陀佛，可能念半个小时的时候很清静，念一个小时的时候妄想就来了，这个时候怎么办呢？把佛号停下来，可以走动一下，或者在这里静坐一会儿，这叫禅净双修。你要一直念下去呢，你肯定有妄想，坐禅不坐禅无所谓，你走动走动，更换题目。

学佛要常常更换题目，什么叫更换题目呢？念佛的时间里妄想来了，那我就去拜佛了，如果拜佛累了又有妄想，我就坐在这里诵经了，这不是夹杂。如果我们单一地去念阿弥陀佛，妄想肯定很快会来，你要去更换它，把心拉动，推活它，这样修行的话，你的心就清静了。在我们常常更换题目的时候，不管是诵经，是拜佛，还是念佛，如果没有妄想了，就把这三个都放下。一不诵经了，二不拜佛了，三不念佛了，这讲的是今天的一个时间段，不是说明天后天都不念了。诵经，拜佛，念佛这三个时间都没有妄想了，就把诵经，拜佛，念佛这三个都放下来，那一会儿得到的是什么？是清静，是极乐世界。

我们在念、在拜、在修行的时候是干活，如果我们一直干下去，我们会累坏的；如果我们不干了，休息就是菩提。释迦牟尼佛说过一句话："狂心若歇，歇即菩提。"就像我们吃饭一样，早上吃过了要去活动，不活动中午再吃会难受的，这就叫更换题目。如果我们的心清静了，什么都不念了，坐下来停一会儿，坐五分钟的时间，这个五分钟就是西方净土。今天得到这个功夫了，明天还要珍惜啊；如果明天不用功，昨天的功夫就失去了。今天明天后天，天天都是这个清静平等正觉的功夫，这是什么？这是念佛三昧，功夫成片了。

所以，我们做一个学佛的孩子，要去了解佛教，了解人生，认识教义和道理。在不明理之前，要去明白道理，道理不明白的话，不要去修行。为什么？打个比喻：我们本来就不知道去极乐世界的路要往哪个方向走，我们怎么走到极乐世界呢？就是这个意思。如果我们了解念佛了，了解念佛的好处和含义了，知道念到什么程度能得到菩提果位了，再去念它，这才叫念佛。

念佛就是二六时中不间断，怎么才能达到二六时中不间断呢？如果你从早到晚一心一意地将阿弥陀佛念个不停，这叫不间断吗？这不是，因为这样念佛没有功夫。念到什么程度功夫才能到来呢？比如我们念上半个小时的阿弥陀佛之后停下来，停下来做什么呢？我们日常生活中该做什么就去做什么。不要想，我家的事情很多，没有时间念佛。还有一种人说，我就是学佛的，没有时间去工作。这都不正确。佛教是圆融无碍，是和谐，是一种大慈大悲。居家、工作、念佛它们是一体的，是一件事，没有第二件事。

所以学佛贵在明白。如果因为我们家里很忙，或者我们上班在工作，没有把阿弥陀佛四个字提起来，我告诉大家，这也没有浪费时间。为什么没有浪费时间呢？因为我们都会放蒙山："若人欲了知，三世一切佛，应观法界性，一切唯心造。"我们能做到心里不浪费时间，就是没浪费时间。在你们行走坐卧、穿衣吃饭、讲话应酬等日常生活中，你能达到专一，就都是在念阿弥陀佛。我们念佛是为了什么？就是为了达到心的清静啊！如果我们的心清静了，那么佛号可以停下来了，如果我们一直不停下来，那就不是念佛，而是数数，没有功夫的。我们要把阿弥陀佛停下来，把心定下来，寻找自我，知道谁在念佛。

你们要记住：这个寻找自我是打个比喻。停下来即是自我，不必真的去寻找自我。有很多禅堂都在奉行：提起坐意，放下念佛。这就是更换题目啊！我们能认识什么叫念佛了，那我们就是彻底地皈依佛门了，彻底地明白了佛、法、僧三宝的含义。真正的皈依就是皈依我们的自性佛、自性法、自性僧，离开自我就没有佛法，这是对治每个人的。外面有没有佛法呢？外面有觉悟的人，外面也有他的佛法，但没有我们的。

我们修行是修什么？是修自身、修自心、修自解脱。念佛就是为了心清静。念佛的含义就像这个佛堂的地板，佛堂的地板脏了，我们要用拖把和毛巾把它擦干净，如果这个地板已经擦干净了，我们是把这个拖把和毛巾放下还是拿在手里？如果我们继续拿在手里，还是一种障碍，如果我们放下就对了。学佛就是放下，我们念佛一直念下去停不下来，就是没有放下呀！放下以后的清静才是菩提。

释迦牟尼佛告诉我们："若人静坐一须臾，胜造恒沙七宝塔。"须臾间的时间是半个小时，我们能达到心里清静半个小时的功德，胜造恒沙七宝塔啊！恒河就是印度的一条河，能造那里面的沙子这么多数目的宝塔，你看我们静坐半个小时的功德大不大？非常大。

佛告诉我们："宝塔毕竟化为尘，一念净心成正觉。"它还是要坏的啊！如果我们能清静念佛半个小时，得到的菩提是永远不坏的啊！我们只要好好地修，我们就都是金刚不坏体，都能得到法身慧命，都能得到解脱的自我的存在。

我们若真正地学佛度众生，就不是简单地专给几个人讲经。万物皆有灵性，花草树木皆有灵性，山河大地都有灵魂的存在，它们都很可爱，它们有一天也会成就，所以我们要度它们。如果说真正的佛教只单纯地度几个人的话，这不是佛法，佛法是无处不在的。什么是无处不在呢？释迦牟尼佛说："娑婆世界没有一巴掌不是我如来所住的地方。"这是什么意思？这是佛觉悟了。

大家都知道佛在菩提树下坐了四十九天开悟了，佛开悟不是说过一句话吗："奇哉！大地众生皆有如来的智慧，就是没有断掉欲望、执著、贪瞋痴，没有得到戒定慧。"在他四十九天明白的第一瞬间说：噢，我看到了天上的星星发光，认识了自我存在的人生永远不生不灭，不来不去，这叫如来。

如来的意思就是不生不灭，我从没有生过，我也没有死过，我从没有来过，我也没有去过。如果有生灭，就不是佛法；如果有来去，还不是佛法。为什么这样讲呢？佛法本身是无，我们认识明白了，心清静了，佛法便都来了，这才是真正的修行。

我们不要想释迦牟尼佛看到了满天星才开悟，其实他是看到了自我本身的功能就是一种佛光的智慧。什么叫佛光？佛光即是聪明，即是智慧，明白世间，明白一切。不是说佛光多么亮，胜过阳光百千亿倍，不是这样的。一片佛光的存在，就是我们心里的清静，心清静了，佛光就都来了。所以如果我们没有妄想，即是佛光，即是菩提。

我们首先要记住：一心念佛的净土法门，还有我们坐禅的境界，禅宗、净土、天台、华严、密宗其实是一宗，只不过换个名词而已。我们修行净土的人不要排斥禅宗，我们修行禅宗的人不要说密宗不好，这几宗都是释迦牟尼佛传下来的佛法。佛说一切法，对治一切心。有人喜欢净土，有人喜欢禅宗，个人根基不一样，就像我们身体不好了，不可能都吃同样的药就治好了。所以我们要动脑筋，要用智慧，才能明白佛理。说白了到最后都是一宗，为什么是一宗呢？我们念佛也好，坐禅也好，都是为了心清静。到最后念佛念到一心不乱便是念佛三昧，进入念佛三昧的境界，也就是进入了无相的境界。坐禅坐出功夫了，也是进入了无相的境界。最后释迦牟尼佛不是说吗？"宗门中无相三昧识为第一。"

我们每个人修行的过程，到中途都是无相三昧，什么叫无相三昧呢？就是放下自我了，没有自我的存在了，只有平静的存在，这就是无相三昧。还有很多弟子说，坐禅的人是根基好的人，我们老了，只能念阿弥陀佛靠他来接引我们往生极乐世界了。在座的弟子们，不要有这种想法，不管年纪大的也好，年轻的也好，在我看来都一样，我不是安慰你们，这是真实的。虽然年轻，如果学五十年不明白，没有用的；年纪大的，如果你今天明白了，今天你坐的就是菩提宝座，就是莲花台，这才是真正的认识和修行。

真心直说

学佛不容易，如果我们今生真正地找到了正知正觉，正定正意根，有一种正清静的感觉，我们就与菩萨相印了。与菩萨相印了，就是菩萨的孩子，就能与菩萨同体而坐，得到菩萨的加持了，得到自我的认可了，才能成功。

我们学佛要学得放松、自然，佛法本来就是自然，如果我们有一点不自然的话，就不是佛法。什么叫自然呢？就是随缘念佛。能达到随缘念佛，随缘不变，不变随缘，这才是功夫。"随缘"两个字大家都会说，却没有几个人做得到。如果今天你们明白了，今天你们就做到了。我们不能浪费时间，如果我们浪费了时间，就没有达到随缘。我们能活着，有生之年的一秒钟、一分钟、一个小时、一天都不浪费，这才进入随缘的境界。每时每刻都知道我在念佛，这才是随缘不变，不变随缘。修行中知道正知正见的随缘，这才是功夫。

我们做一个佛的弟子，真正的修行，要信、愿、行具足，相信永远不变，发下大愿，发大愿后就要去行动。不要今天发一愿：我要拜佛了，我要诵经了。结果后天又不干了，这个愿是没有用的。我们要天天修行，天天不变，把一个月的时间都当成今天的时间来做，今天能做好，明天就能做好；把今天做好了，明天也好了。今天是什么呢？今天是根本，拿住根本即是后得。修行佛法是根本智，什么叫根本智呢？认识自我。如果我们学佛却没有认识自我，很可怜！我们学了一年两年，三年五年后再不认识自我，我们就浪费了学佛的时间。

学佛不容易，但是也很容易，我们明白道理了，就开始走上学佛的道路了。要想跟释迦牟尼佛达到一样的层次，像他一样地修行，一样地明白，一样地解脱，这需要时间。佛教不谈神通，有感应、有加持、有神通，我们都不要。要什么？要我们的心平静。感应不正确，加持不正确，正确和不正确我们都不要。如果我们在念佛的时候，有观音菩萨显在我们面前了，我们很欢喜，欢喜久了，我们就走错路了。如果我们在念佛的时候，有感应了，能听到东西了，我们还不要它，如果你去追求它，明天感应会更多。为什么呢？因为一切唯心造。我们心里想什么久了，它就有什么。

我们选择自我，就要去找到自我的存在，就要去想自我。真正的学佛念佛，开始是念自我的弥陀，第二步就要放下自我的弥陀，第三步要珍惜自我的弥陀，这才是修行。其实这一步两步三步，都是给大家打的比喻。因为修行是因人而去修，如果感觉念观音菩萨适合你，那就一心一意地念下去，那就是阿弥陀佛。因为心里没有分别了，没有执著了，就是道业，就是净土。

我们不要想着说，阿弥陀佛是校长，观音菩萨是老师，不是这样的！一佛是一切佛，万佛是一佛，释迦牟尼佛、阿弥陀佛、消灾延寿药师佛可以说是一尊佛，他们只不过是名字不一样。如果我们彻底成佛了，佛是一体的，没有第二体。佛是什么？佛是光。如果我们佛堂有一百个灯泡同时亮了，本身就等于一个灯泡在亮，这是一个道理。

我们都知道要好好念佛,但什么程度才算好好念佛呢?一个"好"字是不动,两个"好"字是如如。我们要达到如智如呆,断断续续,藕断丝连,这才是念佛。我们学佛一定要去明白这个道理,法外无心,心外无法,离开此心没有佛法。佛法在哪里找呢?佛法在我们心里,佛法在我们身体里,不能离开自我。如果离开自我了,佛法都走了。

释迦牟尼佛在雪山苦行也好,讲经也好;中途也好,结束也好。他到最后都告诉我们:我释迦牟尼讲经四十九年,说法三百余回,那都是我释迦牟尼佛修行过程中的觉悟历程,我的过程永远是我的过程,我不可能代表你们大地众生;我所讲的都是给我自己讲的,我所做的也是给我自己做的。如果我说得好,能对你们有帮助的话,你们可以去学习,去认识,去明白。佛自己在讲述自己修行过程中的认识,其实呢,他讲的一切也是比喻。

从佛经上看明白道理以后,要自我修行。如果有一天,我们慢慢明白了,好了,这才是与佛相印了。释迦牟尼佛说得明明白白,为什么讲经四十九年,重复的经典没有几个?就是他修行的过程不一样,才能讲出不一样的经典,那些都是他修行的觉悟。佛说，你们天天学佛吃饭，学佛走路，学佛穿衣，学佛讲经，学佛一天的日常生活和工作的一切，学佛的规矩啊戒律啊，这不是佛的弟子，真正的佛的弟子是明白佛的教义。所以佛没有让我们学他的外表，佛让我们学他的内涵，了解这个人生，这才是佛的孩子。因为如果没有佛讲的法，佛教不会传到现在，所以佛讲的经典是法宝，我们要尊敬它，珍惜它，保护它。有佛经存在的地方，就有诸佛菩萨的拥护，所以我们学佛，一定要尊重我们的导师，尊重佛法僧。

大众群修齐增进啊，不要有排斥心；如果有排斥心，就不是佛的孩子。佛经讲到最后，完整地说，就是四个字——大慈大悲。如果我们没有慈悲心，不能包容别人，不能体谅别人，这人就不是佛的弟子，佛的弟子都是慈悲的。你要想得到平静和平安，就要有度量，要能忍耐，看一切人都是平等的好人。我们达不到印光大师说的那一句话："看一切人都是菩萨，唯我一人是凡夫。"因为我们现在还没有修行到菩萨的境界，这些话还不能说。印光大师能这样说，证明他已经修行到菩萨的境界了。

印光大师讲经讲得好不好？好。可是没有他的法缘，他讲了几次经，每次都是开始的时候人很多，讲不到半个小时，人就慢慢都走了，最后老和尚哭了，只有几个人在听，他问：都走了，你们怎么还没走呢？是我讲得不好吗？那几个人答：非常好，但是我们听不懂。这句话说了以后，印光大师从那一天起就不讲经了，又苦行去了，一晃几年。之后，他又出来讲经，还是没人听，当时有两个可能是讨饭的孩子，他问：孩子，我讲得好吗？孩子答：好，但我们不听。你看可怜吧，这是没有法缘，最后印光大师给孩子掏了一次钱，说：你们念一句阿弥陀佛，我给你们一元钱。对方说：你给十元钱我们也不念。当时印光大师非常悲伤，就这样，一直没有再讲经。等印光大师老了，法缘成熟了，他到上海去讲经，他讲了不到一个时辰，突然来了一个小女孩，上去就拉住大师的手说：大师，有人告诉我让我今天来听经，说是大势至菩萨的化身在讲经。印光大师当时对孩子说：你坐下听经吧，明天你会知道的。就这样，讲过这堂经以后，印光大师回去就涅槃了，因为别人知道他是大势至菩萨了。最后弟子们后悔啊，但是没有机会了。其实我认为呢，这是一种弘法的手段，虽然一生中没有谁听他讲经，但他最后涅槃了，成就了。这就能告诉大家真的有菩萨，鼓励大家去学佛，去修行，去成佛。阿弥陀佛！阿弥陀佛！阿弥陀佛！